ComoCRISTO

Discipulado

JUAN VASQUEZ

© 2019 – Juan J. Vasquez

Portada diseñada por Juan J. Vasquez

Imagen de portada: "Jesus standing with his feet in the sand on a beach," por Forgiven Photography de Lightstock.com

ISBN-13: 978-0-9991254-6-5

ISBN E-book: 978-0-9991254-7-2

Impreso en los Estados Unidos de América

Printed in the United States of America

ENDOSOS

"El Pastor Vásquez hace un trabajo maravilloso al hacer que el lector sea consciente de ser intencional en vivir y provocar a otros a un estilo de vida del verdadero discipulado bíblico para ser como Cristo".

- Dr. Juan A. Garcia,
Obispo administrativo de la Iglesia de Dios
Región Noreste Hispana

"Si usted quiere saber qué significa ser un discípulo de Cristo usted debe leer este libro del pastor Juan Vasquez, *Como Cristo: Discipulado*. Bien escrito, claro, entendible. Con un don de comunicación y de maestro, que no todo escritor posee, el pastor Juan nos muestra la identidad, las características y la misión de un seguidor o seguidora de Cristo. Recomiendo altamente la lectura de este libro porque te inspirará, retará y cambiará tu vida".

- Dr. Guillermo Flores,
Entrenador Nacional Latino y pastor de
Iglesia Metodista Libre de Miami Melrose USA.
Profesor del Seminario Teológico Asbury.

"Necesitamos llegar a ser como Cristo", dice el pastor Juan… Este libro no pasa paños tibios. Desde el momento en que te sumerges en él hasta el momento en que llegas a la orilla al otro lado de este océano de exhortación, te encontrarás repetidamente confrontado con una pregunta que incluso sirve como el título de uno de los capítulos: "¿Qué clase de discípulo quieres ser?"

- Evangelista David Martinez

CONTENIDO

PRÓLOGO

"¡¿Eres de Nueva York?! ¡¿Pero dónde está tu acento?!" Esta es una de las preguntas más frecuentes que escucho de la gente mientras viajo por los Estados Unidos. Encuentro que esa pregunta es divertida e intrigante: divertida porque he sorprendido involuntariamente a alguien, intrigante porque me pregunto qué es en sí lo que el individuo tiene en mente cuando piensa en un "acento de Nueva York". Inevitablemente, termino preguntándome a mí mismo, "¿en verdad, qué es un acento de Nueva York?". Si me siento extra sociológico ese día, me pregunto sobre el origen de los acentos y qué factores contribuyen al desarrollo de las entonaciones que impregnan cualquier cultura local.

Otra pregunta diferente y más humorística es dónde las personas obtienen sus ideas de cómo deberían sonar ciertos acentos. Algunas veces decepciono a mi oyente y otras no. En realidad, no es irracional esperar que las personas suenen como de dónde son. Supongo que soy de Nueva York después de todo.

En muchos sentidos, la iglesia moderna ha perdido su acento. Hemos dejado al mundo asombrado mientras preguntan con una mirada confusa: "Oh, ¿De verdad eres cristiano? ¡No lo pude notar!". Parece que lo que nos ha sucedido es lo mismo que muchos otros han experimentado cuando se trasladan a otro estado o país. Al principio, el individuo experimenta lo que muchos llaman "choque cultural", el impacto psicológico de estar en una tierra extraña o en una cultura extranjera. Pero eventualmente, lo superamos. La asimilación hace su magia y en poco tiempo nos acoplamos, a veces tan bien que nuestra propia cultura es absorbida por otras prioridades. Nuestras tradiciones desaparecen silenciosamente, nuestras idiosincrasias se desvanecen, nuestros gustos se transforman, nuestras diferencias se aplanan y nos volvemos como todos los demás. Esto no es demasiado serio si estamos hablando de cambiar un sabroso mangú por un burrito picante. Pero ciertamente se convierte en un problema si estamos hablando de seguidores de Cristo que ya no quieren ser como Él.

"Necesitamos llegar a ser como Cristo", dice el pastor Juan, "y si la voluntad de Dios era el enfoque, la guía y la Estrella del Norte de Jesús, ¿no debería ser la nuestra?". Estas palabras pueden resumir el corazón y la intención del autor a lo largo de esta obra literaria. Este libro no pasa paños tibios. Desde el momento en que te sumerges en él hasta el momento en que llegas a la orilla al otro lado de este océano de exhortación, te encontrarás repetidamente confrontado con una pregunta que incluso sirve como el título de uno de los capítulos: "¿Qué clase de discípulo quieres ser?" ¡Oh, sin tan solo más cristianos tomaran el tiempo para reflexionar sobre los asuntos eternos que hacen que lo temporal tenga sentido!

Yo mismo, como predicador y maestro itinerante, he tenido el privilegio de conocer a muchas personas en todo el mundo y he sido testigo de un fenómeno muy interesante: muchas de las mismas personas que llenan los edificios de las iglesias de domingo a domingo tienen poco o ningún sentido o significado en su vida cristiana. Como solía decirme mi difunta abuela Luz María Martínez, "¡las iglesias están llenas pero la gente están vacías!" Trágicamente, las cosas no han cambiado mucho desde que esa mujer de Dios entró a su eterno reposo a fines del 2017. Desafortunadamente, esto ha creado un problema que va mucho más allá de una simple puerta giratoria,[1] en realidad impide la entrada de personas al Reino de Dios. Esto se manifiesta en la total falta de compromiso que tiene la iglesia moderna para alcanzar a los perdidos.

Al construir sus argumentos sobre el firme fundamento de la Palabra de Dios, el pastor Vásquez le recuerda a su lector que la gran comisión no es solo una opción entre muchas. "No es para pastores, evangelistas,

---

[1] Una frase que a menudo se usa para describir una situación sociológica en la que las personas se involucran en la iglesia y luego pierden interés, resultando en una "entrada y salida" de la iglesia.

maestros o ministros a tiempo completo. ¡CADA SEGUIDOR DE JESÚS DEBE ESTABLECER SU REINO AQUÍ EN LA TIERRA!". No mucho tiempo después de esta exhortación, señala el dolor que aflige al cuerpo de Cristo: "Por mucho tiempo hemos relegado el trabajo de hacer discípulos al pastor o los líderes de la iglesia". Al leer este libro, a menudo daba un reacio "amén". Reacio, no porque la verdad allí fuera ambigua, cuestionable o no matizada lo suficientemente. Pero más bien, los problemas descritos en esta obra fueron dolorosos de admitir.

Como se dijo anteriormente, haber crecido en la ciudad de Nueva York viene con sus ventajas, una de las cuales es la capacidad de disfrutar de los diferentes colores, acentos y culturas que saturan los distritos: desde los dominicanos y puertorriqueños en el Bronx, hasta los hermanos afroamericanos en Harlem, los italianos en el bajo Manhattan, o los indios occidentales en Queens; cada cultura tiene sus distintivos hermosos. Pero, ¿qué pasaría si todos decidieran erradicar lo que los hace diferentes? Lo que se produciría es un mundo soso en el que todos son un simple clon el uno del otro. Aunque verdadero discípulo de Cristo ha sido llamado a imitar a Su Señor, como se argumentará en este libro, lo que parece haberle sucedido a la iglesia no es simplemente *inactividad* o *pasividad*, sino desobediencia audaz y descarada.

Prólogo

Si el arrepentimiento a veces se define como "dar una gira" o tener un "cambio de mente o corazón", este interesante tipo de desobediencia del cuerpo de Cristo hoy es realmente extraño. Una parábola podría resaltar el punto:

Cierto hijo había sido perdonado por su padre misericordioso después de haber malgastado su herencia en el despilfarro. Al principio, siempre recordaba cómo su padre lo celebraba cuando regresaba a casa. De hecho, tenía una foto enmarcada en la pared de su habitación. Sin embargo, a medida que los meses se convirtieron en años, la gratitud comenzó a desvanecerse y los efectos de la familiaridad comenzaron a invadir su alma. Poco después, comenzó a pedirle dinero a su padre una y otra vez. La cantidad que pedía no era realmente un problema; sino cómo lo pedía, era lo que le molestaba al padre. "¡¿Esto es todo lo que puedes darme ahora?!" el hijo solía gritar a menudo. "Hijo", respondía el padre con gran tristeza, "¿no recuerdas cómo desperdiciaste toda tu herencia y aun así te volví a recibir en la casa y te restauré? ¿Cómo puedes ser tan perezoso ahora?"

El hijo nunca entendió realmente las quejas del padre, y nunca mencionaba realmente a su padre a sus amigos. De hecho, sus amigos a veces tenían curiosidad acerca de cómo todavía tenía un lugar para vivir. "Después de todo", pensaban, "¿no gastó toda su herencia? ¿Cómo terminó aún con un techo sobre su cabeza?" De alguna manera, nunca se le ocurrió a su hijo decirle a nadie sobre el padre increíble que tenía. En cambio, era demasiado egocéntrico y complaciente como para preocuparse.

Con los años, la ingratitud del hijo se estaba volviendo demasiado costosa para el buen nombre de la familia. Su total pereza y amnesia selectiva hacia la bondad de su padre comenzaron a afectar a la familia hasta el punto de mantener alejados a los demás. Finalmente, el padre tuvo que pedirle a su hijo que saliera de la casa.

¿Suena familiar? Es solo Lucas 15 invertido.

Que este libro sea el viento que clama al Espíritu del Dios viviente que regrese a este valle de huesos secos en el que se ha convertido la iglesia. Que abracemos nuestra verdadera identidad como seguidores de Cristo - acento y todo. Te espera tanto un regalo como un desafío en este libro. Siéntese, ore y lea, tal vez con una taza de café en la mano. Considere el libro en sus manos un llamado a los cristianos a recuperar más que nuestros acentos.

PREFACIO

En nuestros días, es fácil mirar la televisión cristiana o los videos de YouTube y ver cientos, miles o incluso millones de personas que vienen a Cristo para la salvación. Esto, por supuesto, es asombroso y me alegro al ver estas vidas salir del reino de las tinieblas y entrar al reino de la luz. Sin embargo, he notado un problema con muchas iglesias. Somos buenos en hacer conversos, pero no somos buenos en hacer discípulos. Somos buenos en guiar a las personas a Cristo, pero no tan buenos en enseñarles a como seguirlo.

En este libro, deseo hablar sobre lo que significa ser un cristiano, un discípulo de Jesús, y cómo discipular a otros. Este libro no es una guía extensa y completa sobre este tema, sino solo mis pensamientos sobre lo que creo que es esencial saber.

Con el fin de proporcionar un libro más completo sobre el discipulado, estaré integrando un libro anterior que escribí con el título, *Como Cristo: Siguiendo sus pasos*. Puede considerar este libro como una edición revisada y ampliada de ese libro. Este libro será fresco y desafiante para aquellos que se consideran cristianos, pero también es una gran herramienta para que los nuevos convertidos se afirmen al comenzar su relación con Cristo. Así que siéntase libre y animado a obtener una copia para cualquier amigo o familiar que busque madurar en su caminar con Dios.

Oro que no seas el mismo después de leer este libro. Mi vida ciertamente fue impactada por las ideas presentadas aquí. Que Dios nos conceda la gracia para seguir creciendo en nuestro compromiso con el Señor Jesucristo.

CIMIENTOS:
EL LLAMADO Y EL COSTO
DE SEGUIR A JESÚS

Introducción
EL VERDADERO DISCIPULADO

El plan de Dios desde el principio fue hacer un pueblo que se pareciera a Él. Génesis 1:26-27 dice: "²⁶ Entonces dijo Dios: Hagamos al hombre a nuestra imagen, conforme a nuestra semejanza… ²⁷ Y creó Dios al hombre a su imagen, a imagen de Dios lo creó; varón y hembra los creó". Pero cuando el hombre desobedeció a Dios, esa imagen se contaminó con el pecado. Y así, cada hombre que nació después de Adán fue traído a la tierra con la naturaleza pecaminosa de Adán, que ahora estaba corrompida y muerta.

Aun así, el plan de Dios no cambió. Él envió a su hijo, Jesús, a este mundo, y se convirtió en la imagen visible del Dios invisible (Colosenses 1:15). Hebreos 1:3 dice que Cristo es "el resplandor de su gloria, y la imagen misma de su sustancia". Fue concebido por el Espíritu Santo, nació de la virgen María y, a través de este nacimiento milagroso, Dios se hizo hombre a través de Jesús y vivió entre nosotros (Juan 1:1, 14).

Como hombre, Jesús nos mostró cuál era la intención de Dios para la humanidad. Vivió una vida perfecta, santa, justa, sin pecado; una vida de amor, llena de poder y en completa comunión con Dios. Él modeló para nosotros cuál era la voluntad de Dios para nuestras vidas. Él se hizo como nosotros para que podamos ser como Él (2 Corintios 5:21).

Y así, cuando Dios nos llama a la salvación, nos está llamando de nuevo a su propósito original, el cual es parecernos a Él. Su deseo es hacerlo conformando nuestras vidas a Jesús. "Porque a los que antes conoció, también los predestinó para que fuesen hechos conformes a la imagen de su Hijo…" (Romanos 8:29). Este es el verdadero discipulado, el proceso o camino de ser conformado a la imagen de Cristo, que es la imagen exacta de Dios.

Esta es la razón por la que Jesús normalmente no dijo "recíbeme" o "acéptame" o "déjame entrar a tu corazón"[2] cuando llamaba a las personas a ser sus discípulos. Con frecuencia, la invitación de Jesús a aquellos que se convertirían en sus discípulos fue "síganme".

A Mateo le dijo: "sígueme" (Mateo 9:9). A Pedro, Andrés, Santiago y Juan, dijo: "Venid en pos de mí, y haré que seáis pescadores de hombres" (Marcos 1:17; Mateo 4:19). Al joven rico que buscaba la vida eterna, le dijo: "vende todo lo que tienes, y dalo a los pobres, y tendrás tesoro en el cielo; y ven, sígueme" (Lucas 18:22). Y Él le dice a todos los que quieran ser llamados cristianos, "niéguese a sí mismo, tome su cruz cada día, y sígame" (Lucas 9:23).

Este es el verdadero llamado al discipulado: seguir a Jesús para ser más como Él. Entonces, ¿lo estás siguiendo? No le estoy preguntando, ¿vas a la iglesia? No pregunto si oras, si lee su Biblia, si escuchas música cristiana o hablas en lenguas. Le estoy preguntando, "¿estás siguiendo a Jesús?"

Scot McKnight dice: "Los que no están siguiendo a Jesús no son sus seguidores. Es así de simple. Los seguidores siguen, y los que no siguen no son seguidores.

---

[2] Esto no significa que estas expresiones no sean bíblicas o que no debemos usarlas cuando guiamos a una persona a la salvación en Cristo. Vea por ejemplo Juan 1:12 o Apocalipsis 3:20.

Seguir a Jesús significa seguir a Jesús en medio una sociedad donde gobierna la justicia, donde el amor moldea todo. Seguir a Jesús significa asumir su sueño y trabajar por él".[3]

El deseo de Dios es que sigas a Jesús y conforme su vida a la de Él. Solo entonces, serás verdaderamente un cristiano, un discípulo, un seguidor de Jesús. "Dios te ama tal como eres, pero rehúsa dejarte así. Más que todo, Él quiere que seas tal como Jesús".[4]

---

[3] *One Life: Jesus Calls, We Follow* (Grand Rapids, MI: Zondervan, 2010), 70. (Traducción mía)
[4] Max Lucado, *Just Like Jesus* (Nashville, Tennessee: W Publishing Group, 2003), XII. (Traducción mía)

Capítulo 1
¿QUÉ SIGNIFICA SEGUIR A CRISTO?

¿Eres cristiano? ¿Sabes lo que significa esa palabra? Un cristiano es un discípulo de Cristo. Un discípulo de Cristo es un aprendiz, imitador y seguidor de Jesucristo. Entonces, si eres un CRIST-iano, eso significa que eres alguien que está siguiendo los pasos de CRISTO . Si no lo estás siguiendo, entonces no eres un verdadero cristiano. Podría llevar el nombre, podría haberlo confesado como su Señor y Salvador; incluso podría ser un fiel miembro de la iglesia. Pero por definición, para que se considere un cristiano debes seguir los pasos de Jesús.

Ahora, ¿qué significa seguir a Jesús? No podemos verlo con nuestros ojos o tocarlo con nuestras manos. Entonces, ¿cómo podemos seguir a alguien que no es visible para nosotros?

De eso se trata este libro. En los próximos capítulos, hablaré más a fondo sobre cómo seguir a Jesús, pero quiero comenzar con este pensamiento general. Podemos resumir lo que significa seguir a Jesús en tres simples palabras: OBEDECER, IMITAR y REFLEXIONAR.

1. OBEDEZCA Sus enseñanzas

Si queremos seguir los pasos de Jesús, debemos aprender a obedecer Sus enseñanzas. Juan 8:31 dice: "Dijo entonces Jesús a los judíos que habían creído en él: Si vosotros permaneciereis en mi palabra, seréis verdaderamente mis discípulos". Según este versículo, hubo judíos que habían escuchado Su mensaje y visto Sus milagros y por medio de estos habían llegado a creer en Él.

Pero note lo que Él les dice: "Si vosotros **permaneciereis en mi palabra, seréis** verdaderamente mis discípulos" (énfasis mío).

Los discípulos no son solo aquellos que conocen las palabras de Cristo. Los discípulos no son solo aquellos que memorizan las palabras de Cristo. Los discípulos no son solo aquellos que confiesan, enseñan o proclaman las palabras de Cristo. Los discípulos son aquellos que continúan en Su palabra. Los que caminan en ella, la practican y la obedecen. Y lo hacen, no una, ni dos veces, ni por un período de tiempo. Continúan, permanecen, perseveran en ella permanentemente.

Puedes distinguir a un verdadero cristiano de uno falso si continúan en las palabras de Cristo. Esto no significa que sean perfectos o que nunca fallen, sino que incluso cuando caen, se levantan y continúan en Sus palabras. Jesús incluso nos dice que podemos medir el amor de una persona por Él con este mismo atributo. Jesús dijo a Sus discípulos:

> [15] Si me amáis, guardad mis mandamientos… [21] El que tiene mis mandamientos, y los guarda, ése es el que me ama; y el que me ama, será amado por mi Padre, y yo le amaré, y me manifestaré a él… [23] Respondió Jesús y le dijo: El que me ama, mi palabra guardará; y mi Padre le amará, y vendremos a él, y haremos morada con él. [24] El que no me ama, no guarda mis palabras; y la palabra que habéis oído no es mía, sino del Padre que me envió. (John 14:15, 21, 23-24)

En otras palabras, a Jesús no solo le interesa como le adoras o le cantas, o si estás entusiasmado y gritas y lloras cuando mencionas Su nombre. Esas cosas son buenas, pero Jesús también mide nuestro amor por nuestra obediencia a Sus palabras.

Entonces, si pretendes seguir a Jesús, lo primero que debes hacer es obedecer Sus enseñanzas. [5]

2. IMITA Su estilo de vida

Seguir a Jesús no solo se trata de hacer lo que Él dice, sino también de vivir como Él vivió. Debemos imitar Su estilo de vida. Podemos resumir la forma en que vivió en tres palabras: poder, amor y santidad.

Jesús vivió una vida de poder. Cuando Pedro describió la vida de Jesús a un grupo de gentiles (personas que no son judíos), dijo: "cómo Dios ungió con el Espíritu Santo y con poder a Jesús de Nazaret, y cómo éste anduvo haciendo bienes y sanando a todos los oprimidos por el diablo, porque Dios estaba con él" (Hechos 10:38). Desde Su bautismo hasta Su muerte y resurrección, Dios mostró Su poder a través de Jesús. Sanó a los enfermos, resucitó a los muertos, echó fuera demonios, y realizó milagros, señales y prodigios. Dios ha puesto este mismo poder a nuestra disposición y espera que sigamos en los pasos de Jesús.

Jesús también vivió una vida de amor. Todo lo que hizo Jesús fue motivado por el amor. La Biblia dice que Jesús enseñó y alimentó a las multitudes porque fue conmovido por la compasión (Mateo 9:36). La Biblia dice

---

[5] Para un resumen general de Sus enseñanzas, lea el Sermón del Monte en el libro de Mateo capítulos 5-7.

que Jesús llamó a los pecadores para sí mismo porque los amaba (Marcos 10:21). La Biblia nos dice que Jesús incluso sanó a los enfermos, por amor y compasión (Marcos 1:41). Si vamos a imitar Su vida, debemos amar como Él ama. Los milagros, señales y prodigios, y los dones espirituales no significan nada si no hay amor (1 Corintios 13:1-3).

Por último, Jesús vivió una vida de santidad. Aunque fue tentado en todos los aspectos al igual que nosotros, la Biblia dice que nunca pecó (Hebreos 4:15). Él nunca se entregó a la tentación. A través de la palabra de Dios, Él pudo resistir y vencer las tentaciones de Satanás en el desierto (Mateo 4:1-11). Él venció la tentación de Satanás que vino a través de los labios de uno de Sus propios discípulos, Pedro, cuando trató de disuadirlo de ir a la cruz (Mateo 16:23). Incluso venció Su propia voluntad en el Jardín de Getsemaní, cuando parecía que la copa del Padre sería demasiado para beber (Mateo 26:36-46).

Debido a la victoria de Cristo sobre estas tentaciones, Dios pudo presentar a Jesús como un sacrificio perfecto y sin pecado para redimirnos y quitar los pecados del mundo (Juan 1:29). Y al igual que Jesús, nosotros también debemos evitar el pecado y buscar la santidad, "sin lo cual nadie verá al Señor" (Hebreos 12:14).

3. REFLEJA Su corazón.

Hasta ahora, todos los otros pasos se han ocupado principalmente del exterior. Pero este último paso también trata con el interior de cada cristiano. No solo debemos obedecer Sus enseñanzas y reflejar Su estilo de vida, también debemos reflejar Su corazón. Debemos orar y buscar desear lo que Él desea, pensar lo que Él piensa, odiar lo que Él odia y amar lo que Él ama.

Jesús describió Su corazón con los adjetivos "manso y humilde" (Mateo 11:29). No era un hombre rudo u orgulloso. No era un tirano o dictador que exigía respeto y obediencia. No. Jesús era el tipo de persona que estaba dispuesto a servir a los que estaban debajo de Él, incluso si eso significaba el hacer la obra de un esclavo (ver Juan 13). Jesús dijo: "Porque el Hijo del Hombre no vino para ser servido, sino para servir, y para dar su vida en rescate por muchos" (Marcos 10:45).

Pablo reconoció esta cualidad en Jesús y resumió este último paso para nosotros en un bello credo cantado por la iglesia primitiva,

> [5] Haya, pues, en vosotros este sentir que hubo también en Cristo Jesús, [6] el cual, siendo en forma de Dios, no estimó el ser igual a Dios como cosa a que aferrarse, [7] sino que se despojó a sí mismo, tomando forma de siervo, hecho semejante a los hombres; [8] y estando en la condición de hombre, se humilló a sí mismo, haciéndose obediente hasta la muerte, y muerte de cruz. [9] Por lo cual Dios también le exaltó hasta lo sumo, y le dio un nombre que es sobre todo nombre, [10] para que en el nombre de Jesús se doble toda rodilla de los que están en los cielos, y en la tierra, y debajo de la tierra; [11] y toda lengua confiese que Jesucristo es el Señor, para gloria de Dios Padre. (Filipenses 2:5-11)

Es por esto que nosotros también debemos estar dispuestos a humillarnos y tratar a los demás con amor, y estar dispuestos a servirles sin importar nuestro título, posición o estatus.

Uniendo todo

El verdadero llamado al discipulado es un llamado a conformarnos a la imagen de Dios. Esto se hace mejor cuando seguimos a Jesús. ¿Y qué significa seguir a Jesús? Significa (1) Debemos OBEDECER Sus enseñanzas; (2) Debemos IMITAR Su vida; y (3) debemos REFLEJAR Su corazón y carácter.

Aunque nos enfocaremos en estas cosas con más detalle en los siguientes capítulos, me gustaría mencionar dos temas muy importantes en relación con el seguir a Jesús. Lo primero tiene que ver con el precio que debemos considerar para convertirnos en discípulos. La segunda es una decisión que debemos hacer una vez que estemos dispuestos a pagar ese precio.

Capítulo 2
EL COSTO DE SER UN DISCÍPULO

¿Alguna vez has ido a comprar ropa? Si es así, me imagino que eres como yo, por lo menos en una manera. Antes de dirigirme al cajero con cualquier ropa para pagar, me aseguro de ver la etiqueta con el precio del artículo. No quiero experimentar la vergüenza de pasar al cajero, abrir mi billetera y en ese mismo momento, descubrir que no tengo suficiente dinero para comprar la ropa que he elegido.

La ropa puede ser agradable. Puede ser atractiva. Incluso puedo visualizar como me veo con la ropa puesta. Pero si no tengo suficiente dinero para realizar la compra, no saldré de esa tienda con ella. Tendría que volver cuando tenga lo suficiente.

El mismo principio se aplica en seguir a Jesús, a ser Su discípulo. Hay un costo, una "etiqueta con el precio" en la "camiseta" del discipulado. Y a menos que esté dispuesto o pueda pagar esa cantidad, no debe salir de "la tienda" con ello. La Biblia tiene más que decir sobre esto en Lucas capítulo 14.

Lucas comienza dándonos el trasfondo de lo que está sucediendo en este capítulo. La Biblia primero se enfoca en la audiencia que está alrededor de Jesús. Dice: "Grandes multitudes iban con él..." (v25a).

Ahora, esta gran multitud siguió a Cristo por muchas razones. Lo siguieron por los milagros, señales y prodigios que estaba realizando. Lo siguieron por los panes y los peces que Él multiplicó. Algunos simplemente lo siguieron por emoción o curiosidad.

De la misma manera, muchas personas vienen a la "iglesia" o sirven a Dios por varias razones. Algunos vienen a la "iglesia" en busca de novios o novias, otros por una necesidad emocional, algunos se ven obligados a venir, algunos vienen por tradición o costumbre, y otros vienen porque no tienen nada mejor que hacer. Están aburridos.

Entonces, Jesús se dirige a estas personas y les dice algo; Algo duro, algo importante, algo conflictivo. Él les dice que si realmente lo quieren seguir y ser Sus discípulos hay un precio que deben estar dispuestos a pagar, hay un costo que deben considerar. ¿Y cuáles son exactamente esos costos?

Costo #1: para ser un discípulo de Cristo debemos amarlo más que a cualquier otro.

"25 Grandes multitudes iban con él; y volviéndose, les dijo: 26 Si alguno viene a mí, y no aborrece a su padre, y madre, y mujer, e hijos, y hermanos, y hermanas, y aun también su propia vida, no puede ser mi discípulo". (vv25-26)

A primera vista, estos versos lo pueden sorprender. ¿Realmente Cristo nos está diciendo que "aborrezcamos" a nuestras familias e incluso a nosotros mismos? ¿No se supone que debemos honrar a nuestros padres y amarnos unos a otros?

No se preocupe, Cristo no nos está llamando a "aborrecer" en el sentido de ser hostiles, o de estar enojados o en contra de otros. Esta palabra también puede traducirse como "amar menos". En otras palabras, sí, debemos honrar a los demás y amar a los demás, pero ese honor y amor por los demás, incluyéndonos a nosotros mismos, debe ser menos que el honor y el amor que debemos a Cristo. Debemos preferir a Cristo sobre cualquier persona o

14

cualquier cosa. Cristo debe tener el primer lugar en nuestras vidas. Nuestra lealtad es a Él primero. Él debe tener el primer lugar antes que nuestro padre, madre, esposa, hijos, hermano, hermana e incluso nuestro yo.

Este costo es tan importante. Hay muchas personas que viven en naciones o provienen de familias donde existen fuertes costumbres religiosas y tradicionales. Cualquier persona que se desvíe o abandone estas costumbres o tradiciones se considera automáticamente como traicioneros o apóstatas. Como resultado, muchas culturas, grupos religiosos e incluso miembros de la familia rechazarán, aislarán, humillarán, perseguirán o matarán a cualquiera que se entregue a Jesús. Tal vez eres de una de esas familias o culturas.

Pero si vamos a seguir a Jesús, debemos estar dispuestos a poner en riesgo nuestras vidas por Cristo. Debemos estar dispuestos a amarlo y honrarlo más de lo que lo haríamos con cualquier otra persona. Debemos estar dispuestos a arriesgarnos a ser rechazados, excluidos o perseguidos por Él. Una persona que ama a su familia o incluso a su propia vida más que a Jesús no puede ser un discípulo de Jesús.

Ahora, ¿por qué diría Cristo esto? ¿Por qué debemos amar a Jesús más que a todos estos otros? ¿Qué es lo que lo hace digno de este tipo de amor u honor?

Aunque podría enumerar muchas razones por las que debemos amarlo o lo que lo hace digno de honor, solo mencionaré dos. ¡Lo primero es que Él es Dios! Jesús es Dios el Hijo, el segundo miembro de la santa Trinidad. Él es el primero y el último, el alfa y la omega, el principio y el fin, el autor y el consumador de nuestra fe. Él es la fuente de toda la vida (Juan 1:3).

Él es el único Dios verdadero y no hay otros dioses aparte de Él. Antes de Él, ni después de Él, se formaron dioses (Isaías 43:10). Como el Rey Soberano del universo, y como nuestro creador, Él nos ordena en Éxodo 20:3-4, "³ No tendrás dioses ajenos delante de mí. ⁴ No te harás imagen" en la forma de cualquier cosa. En otras palabras, cualquier cosa que pones ante de Dios se convierte en su dios o su ídolo. Debemos adorar solo a Dios.

La segunda razón es que Jesús es la fuente de nuestra salvación. Aunque Jesús es Dios, se despojó de todos los beneficios de Su divinidad (Filipenses 2:7). Se humilló a sí mismo y se convirtió en un hombre para servirnos (Filipenses 2:7-8; Marcos 10:45). Luego Dios puso todos nuestros pecados, enfermedades y dolores sobre Jesús y Él murió como un sustituto por nosotros en la cruz. Y a través de Su castigo y sus heridas, recibimos sanidad y paz con Dios (Isaías 53:4-6). Sin embargo, Él no se quedó muerto. Dios lo levantó en el tercer día y lo convirtió en la fuente de nuestra salvación. La Biblia dice: "Y en ningún otro hay salvación; porque no hay otro nombre bajo el cielo, dado a los hombres, en que podamos ser salvos" (Hechos 4:12).

Si te apartas de Jesús, ¿dónde más encontrarás la vida eterna? (Juan 6:68). Él lo dio todo para salvarte. ¿No estás dispuesto a darlo todo para seguirlo?

Estas son solo dos razones por las que debemos amar a Cristo sobre todo lo demás. Estas son solo dos razones por las que Él es digno de nuestro amor y nuestra lealtad.

Costo #2: para ser un discípulo de Cristo debemos estar dispuestos a llevar nuestra Cruz.

"Y el que no lleva su cruz y viene en pos de mí, no puede ser mi discípulo". (v27)

Jesús claramente establece el segundo requisito o costo que alguien debe estar dispuesto a pagar si le gustaría ser Su discípulo, Su seguidor y, por lo tanto, ser llamado un verdadero cristiano. La persona debe estar dispuesta a llevar su propia cruz y luego seguirlo.

La cruz fue un instrumento de muerte. Era un equivalente antiguo de la silla eléctrica. Solo que era mucho peor. Era una forma de ejecución humillante que los romanos utilizaban con esclavos o los que no eran ciudadanos para matarlos lentamente, por asfixia, mientras estaban clavados a una madera completamente desnudos. En la mente de las personas que vivían en el tiempo de Jesús, la cruz solo significaba una cosa: la MUERTE. Leonard Ravenhill ha dicho: "Cualquiera que era visto llevando una cruz ya sabía que era un hombre muerto caminando".

Pero, ¿qué significa para nosotros llevar una cruz? ¿Debe alguien clavarnos a uno físicamente? ¿O deberíamos ir a un bosque o a un Home Depot para obtener algo de madera, juntarlo y caminar con eso sobre nuestros hombros?

No. Lo que Jesús está diciendo es que si quieres ser Su discípulo, Él le está llamando a morir a sí mismo, a negarse a sí mismo, y a renunciar a todo para seguirlo.

Puede tener ciertos deseos, actitudes, sueños, metas, planes, relaciones, opiniones e ideas, pero Dios está diciendo que debemos estar dispuestos a dejar todo eso a un lado para obedecerlo y seguir a Cristo. No hay compromiso a medias. Se lo das todo a Dios o no le das nada.

En los evangelios, hay parábolas[6] que hablan de esta idea en una manera más ilustrativa. Jesús dijo,

> [44] Además, el reino de los cielos es semejante a un tesoro escondido en un campo, el cual un hombre halla, y lo esconde de nuevo; y gozoso por ello va y vende todo lo que tiene, y compra aquel campo. [45] También el reino de los cielos es semejante a un mercader que busca buenas perlas, [46] que habiendo hallado una perla preciosa, fue y vendió todo lo que tenía, y la compró. (Mateo 13:44-46)

Entonces, de estas dos historias, podemos ver que el tesoro y la perla preciosa representan el reino de Dios. Los hombres en estas historias nos representan a nosotros. En este mundo, una vez que nos encontramos con el reino de Dios y escuchamos el mensaje del evangelio, debemos estar dispuestos a renunciar a todo lo que poseemos para recibirlo.

Esto es exactamente lo que hizo Pablo, uno de los principales escritores del Nuevo Testamento. Aunque tenía gran prestigio, poder y posición, lo dejó todo para seguir a Jesús. Estas son sus palabras,

> [7] Pero cuantas cosas eran para mí ganancia, las he estimado como pérdida por amor de Cristo. [8] Y ciertamente, aun estimo todas las cosas como pérdida por la excelencia del conocimiento de Cristo Jesús, mi Señor, por

---

[6] Un cuento corto que enseña una lección.

18

amor del cual lo he perdido todo, y lo tengo
por basura, para ganar a Cristo, ⁹ y ser hallado
en él… (Filipenses 3:7-9a)

Y en referencia a su cruz y siguiendo a Jesús, dijo: "Con
Cristo estoy juntamente crucificado, y ya no vivo yo, mas
vive Cristo en mí; y lo que ahora vivo en la carne, lo vivo
en la fe del Hijo de Dios, el cual me amó y se entregó a sí
mismo por mí" (Gálatas 2:20).

La puerta a la vida eterna es estrecha y quien quiera
entrar debe caminar por el camino estrecho (Mateo 7:13-
14). Y ese camino es el camino de la cruz. Ese camino es
un camino de muerte y abnegación.

**Costo #3: para ser un discípulo de Cristo debemos estar
dispuestos a amarlo más que a nuestras posesiones
materiales.**

*"Así, pues, cualquiera de vosotros que no renuncia a todo
lo que posee, no puede ser mi discípulo". (v33)*

Jesús no nos está llamando a vender todo lo que
poseemos y vivir una vida nómada en las calles. Aunque es
posible que Él llame a algunos a una vida así (Lucas 18:22).
No obstante, Su enfoque aquí es que todo lo que poseemos
materialmente, físicamente y financieramente se debe
entregar a Él. Entonces Él se convertiría en el dueño de lo
que tenemos y nosotros nos convertiríamos en Sus
mayordomos o administradores de activos.

Las riquezas y el dinero tienen una forma de tomar
control del corazón y la vida de una persona (Mateo 13:22;
1 Timoteo 6:9). El dinero no es malo, pero el amor al dinero
si lo es (1 Timoteo 6:10). Jesús incluso comparó este amor
por el dinero con un dios llamado Mammon que está en la

19

vida de muchas personas. Él dijo: "Ninguno puede servir a dos señores; porque o aborrecerá al uno y amará al otro, o estimará al uno y menospreciará al otro. No podéis servir a Dios y a las riquezas [Mammon]" (Mateo 6:24; paréntesis mío).

No es malo ser rico. Pero lo que Dios está buscando es nuestra disposición a buscar primero Su reino y Su justicia, y luego todo lo que necesitamos nos será dado (Mateo 6:33). Y si en algún momento Jesús nos pide que renunciemos a algo, deberíamos estar dispuestos a hacerlo. Ya sea nuestras casas, dinero, carreras o familias, todo lo que tenemos le pertenece.

Estos son los costos para convertirse en un seguidor de Cristo. Pero, ¿por qué Jesús diría cosas tan difíciles a estas personas? ¿Cómo pudo Jesús pedir tanto de ellos? Quiero decir, ¿no quiere Jesús que la gente lo siga? ¿No quiere Él expandir Su Reino, tener muchos seguidores y ser popular? Estos sacrificios harían que muchos se alejaran de Él.

Lo hizo y todavía lo hace hoy.

Él les dice esto para que no comiencen algo que no podrán terminar. (¿Recuerda el ejemplo anterior de ir al cajero sin mirar el precio?) Jesús usa dos parábolas para ilustrar este punto.

La parábola de la torre

"28 Porque ¿quién de vosotros, queriendo edificar una torre, no se sienta primero y calcula los gastos, a ver si tiene lo que necesita para acabarla? 29 No sea que después que haya puesto el cimiento, y no pueda acabarla, todos los

que lo vean comiencen a hacer burla de él, ³⁰ diciendo: Este hombre comenzó a edificar, y no pudo acabar". (vv28-30)

¿Puedes ver por qué Jesús tiene que decirles sobre el costo de seguirlo? Es porque si comienzan a seguir a Jesús pero no terminan de "edificar la torre" o de correr la carrera; Si no perseveran hasta el final, entonces las personas a su alrededor los ridiculizarán, se burlarán de ellos o, peor aún, se burlarán de Dios. Entonces, en lugar de traer gloria al nombre de Cristo, traerán vergüenza.

¿Cuántas torres construidas a media vemos a nuestro alrededor? ¿Cuántos "cristianos" hemos visto comenzar el camino pero no terminarlo?

Conozco a alguien que vivió una vida muy pecaminosa y pervertida antes de dar su vida a Jesús. Sus amigos no creían que fuera sincero, e incluso si lo fuera, no duraría demasiado. Lo que predijeron se hizo realidad. Esta persona estaba entusiasmado, apasionado y genuinamente agradecido de Dios por su salvación. Pero dentro de un corto período de tiempo él había regresado a sus viejos caminos pecaminosos. Los amigos se rieron y se burlaron, y sus corazones se endurecieron hacia el evangelio. ¿La razón? El descarrío de este hombre reforzó la idea de que el cristianismo no era para ellos. Es demasiado duro, así que por qué molestarse. Si el evangelio no pudiera hacer una diferencia duradera en la vida de este hombre, ¿cómo lo haría en la de ellos?

Tal vez haya gente a su alrededor esperando que se desanime. Tal vez esas personas no creen en Dios y no creen en usted. Tal vez, en secreto, quieren que fracasen, para que puedan echárselo a la cara y reforzar las excusas que tengan para no servir a Dios.

La parábola de un rey en guerra

"³¹ ¿O qué rey, al marchar a la guerra contra otro rey, no se sienta primero y considera si puede hacer frente con diez mil al que viene contra él con veinte mil? ³² Y si no puede, cuando el otro está todavía lejos, le envía una embajada y le pide condiciones de paz". (vv31-32)

Jesús nos da otra razón por la que debemos considerar el costo, a través de esta parábola. Él compara el cristianismo con una guerra. Nos explica que si no tenemos las agallas ni los medios para luchar hasta el final, moriremos en el campo de la batalla.

Quiero que sepas que el llamado a la salvación no es un llamado a un jardín lleno de flores y rosas. Es un llamado a la guerra. Una vez que digas "sí" a Jesús, ha entregado su vida al ejército del Señor. Debes luchar, debes entrenar, debes soportar. Escuché a alguien decir: "El diablo intenta todo lo posible para asegurarse de que una persona nunca acuda a Cristo. Pero si lo hacen, hará todo lo posible para impedir que sean efectivos". Al final de su vida, el apóstol Pablo dijo: "He peleado la buena batalla, he acabado la carrera, he guardado la fe". (2 Timoteo 4:7).

Ser un cristiano significa que tendrás todo el infierno contra usted, pero a la vez todo el cielo estará con usted. "Porque mayor es el que está en vosotros, que el que está en el mundo" (1 Juan 4:4). "¿Qué, pues, diremos a esto? Si Dios es por nosotros, ¿quién contra nosotros?" (Romanos 8:31).

¿Cuántos soldados de Cristo hemos visto morir en el campo de batalla porque no entendieron este punto? Una vez que ponemos nuestras manos en el arado, no podemos mirar hacia atrás (Lucas 9:62). He visto a muchos descarriados en peores condiciones después de dejar a Cristo que cuando empezaron a seguirlo. La Biblia dice: "Porque mejor les hubiera sido no haber conocido el camino de la justicia, que después de haberlo conocido, volverse atrás del santo mandamiento que les fue dado" (2 Pedro 2:21).

Hay dos razones por esto. Primero, la Biblia dice que cuanto más conocimiento tenga, mayor será el juicio que recibirá (Lucas 12: 47-48; Santiago 3:1). En otras palabras, si elige alejarse de Dios, especialmente después de conocer la verdad, en el día de juicio no habrá ninguna misericordia para usted (Hebreos 2:3; 10:29). Su juicio será más duro que el de alguien que nunca conoció a Cristo.

La segunda razón por la que no podemos regresar una vez que hayamos entregado nuestras vidas a Jesús es que la Biblia nos enseña que nuestra condición de pecado puede ser 7 veces peor.

> [24] Cuando el espíritu inmundo sale del hombre, anda por lugares secos, buscando reposo; y no hallándolo, dice: Volveré a mi casa de donde salí. [25] Y cuando llega, la halla barrida y adornada. [26] Entonces va, y toma otros siete espíritus peores que él; y entrados, moran allí; y el postrer estado de aquel hombre viene a ser peor que el primero. (Lucas 11:24-26)

El diablo, una vez que le tenga, hará todo lo posible para no dejarle ir nunca más. Él quiere asegurar su alma para el reino de las tinieblas.

Antes de que decidamos seguir a Jesús debemos considerar el costo. Jesús nos exige que le entreguemos todo a Él, que renunciemos a todo. Él hace un llamado a un compromiso total. Para seguir a Cristo, para ser Su discípulo, debemos amar a Cristo sobre todas las cosas y estar dispuestos a llevar nuestra cruz. Si decimos que queremos seguir a Cristo y no consideramos el costo, terminaremos siendo otra torre construida a medias o una víctima de la guerra.

Si sientes que Jesús está pidiendo demasiado, déjeme hacerle algunas preguntas: (1) Si eliges no seguir a Cristo, ¿a quién eliges seguir? (2) Si elige no seguir a Cristo, ¿conoce las bendiciones que va a perder? (3) Si elige no seguir a Cristo, ¿está dispuesto a pagar las consecuencias de esa decisión?

Dios desea que escojas a Cristo y vivas. Ezequiel 33:11 dice: "Diles: Vivo yo, dice Jehová el Señor, que no quiero la muerte del impío, sino que se vuelva el impío de su camino, y que viva. Volveos, volveos de vuestros malos caminos; ¿por qué moriréis…?". "[Dios] es paciente para con nosotros, no queriendo que ninguno perezca, sino que todos procedan al arrepentimiento" (2 Pedro 3:9).

Las bendiciones y los privilegios de servir a Dios son muy superiores al sufrimiento que padecemos por Cristo (2 Corintios 4:17). Jim Elliot, misionero y mártir de Cristo, dijo una vez: "No es necio aquel que da lo que no puede mantener, por ganar lo que no puede perder".[7] Jesús dijo: "**24** Porque todo el que quiera salvar su vida, la perderá; y todo el que pierda su vida por causa de mí, éste la salvará.

---

[7] Roberts Liardon, *God's Generals: Martyrs* (New Kensington, PA: Whitaker House, 2016), 341. Traducción mía.

²⁵ Pues ¿qué aprovecha al hombre, si gana todo el mundo, y se destruye o se pierde a sí mismo?" (Lucas 9:24-25).

Mi deseo es que escojas a Cristo, que estés dispuesto a caminar por Su camino estrecho y que esté dispuesto a amarlo sobre de todos los demás, sobre usted mismo y sobre sus posesiones materiales. Cristo vale la pena. Él dio Su vida por ti. ¿No entregarías la tuya por él?

Independientemente de lo que escoja hacer, solo asegúrese de haber considerado el costo primero.

Capítulo 3
¿QUÉ CLASE DE DISCÍPULO QUIERE SER?

Si todavía estás leyendo, entonces me imagino que está serio en su deseo de seguir a Cristo. Por lo tanto, la siguiente pregunta que debe hacerse es: "¿qué clase de discípulo quiero ser?".

Según Mateo 13, Jesús nos dice que hay cuatro tipos de personas que escuchan Sus mensajes y palabras. Y ya que ser un discípulo implica obedecer Sus enseñanzas, debes decidir qué clase de discípulo quieres ser. Permítame decirle desde luego, solo hay una respuesta correcta, una opción correcta y tres incorrectas. Así que elige sabiamente.

En Mateo 13:1-9, vemos una vez más una multitud alrededor de Jesús. Ellos quieren escucharlo hablar. Entonces, para ser escuchado por todos, Jesús se sube a un barco y le dice la siguiente parábola a la gente en la orilla de la playa. Jesús dijo,

> [3] ... He aquí, el sembrador salió a sembrar. [4] Y mientras sembraba, parte de la semilla cayó junto al camino; y vinieron las aves y la comieron. [5] Parte cayó en pedregales, donde no había mucha tierra; y brotó pronto, porque no tenía profundidad de tierra; [6] pero salido el sol, se quemó; y porque no tenía raíz, se secó. [7] Y parte cayó entre espinos; y los espinos crecieron, y la ahogaron. [8] Pero parte cayó en buena tierra, y dio fruto, cuál a ciento, cuál a

sesenta, y cuál a treinta por uno. [9] El que tiene oídos para oír, oiga. (vv3-9)

Ahora, si no entiendes exactamente lo que Jesús quiso decir, no se preocupe. Ni las multitudes ni Sus discípulos lo entendieron (Marcos 4:10). Afortunadamente, continuó explicando qué significaba esta parábola.

[18] Oíd, pues, vosotros la parábola del sembrador: [19] Cuando alguno oye la palabra del reino y no la entiende, viene el malo, y arrebata lo que fue sembrado en su corazón. Este es el que fue sembrado junto al camino. [20] Y el que fue sembrado en pedregales, éste es el que oye la palabra, y al momento la recibe con gozo; [21] pero no tiene raíz en sí, sino que es de corta duración, pues al venir la aflicción o la persecución por causa de la palabra, luego tropieza. [22] El que fue sembrado entre espinos, éste es el que oye la palabra, pero el afán de este siglo y el engaño de las riquezas ahogan la palabra, y se hace infructuosa. [23] Mas el que fue sembrado en buena tierra, éste es el que oye y entiende la palabra, y da fruto; y produce a ciento, a sesenta, y a treinta por uno. (vv18-23)

Ahora, podemos ver más claramente lo que Jesús quería comunicar. En medio de toda la multitud que lo rodeaba, la gente podría haber pensado: "Vaya, Jesús es muy popular. ¡Él tiene tantos discípulos!". Pero Jesús en realidad estaba diciendo, "No. No todos los que están aquí están realmente conmigo". La parábola fue dicha para ilustrar esta verdad.

El agricultor representa a Jesús. La semilla que Él siembra representa Sus enseñanzas y palabras. Las diferentes tierras en realidad representan diferentes personas, corazones y oyentes. El primer tipo de persona en la multitud que está alrededor de Jesús realmente no entiende Su mensaje. El enemigo quita fácilmente la palabra que fue plantada en su corazón. Esa persona se da por vencida incluso antes de comenzar.

El segundo oyente realmente toma en serio las palabras de Jesús. Cree el mensaje y lo recibe con gozo. Elige abandonar a todo para seguir a Jesús. Uno podría pensar que esta persona toma en serio su caminar con Cristo. Sólo míralo. Gente así son apasionadas y entusiasmadas. Ellos están compartiendo su testimonio y las buenas nuevas de Jesús. Sin embargo, nunca se profundizan con Dios. No pasan tiempo en la Biblia o en la oración. Nunca echan raíces en su relación con Dios.

En un corto período de tiempo, se prueba su lealtad y compromiso con Cristo. Persecución surge debido a su relación con Jesús. Las dificultades comienzan a rodearlos ya que la cultura y la moral del reino de Dios están en oposición a la cultura y la moral de este mundo. Sus deseos carnales comienzan a chocar con sus metas espirituales. Finalmente, la presión se acumula y ya no pueden aguantar. Se dan por vencidos y se van.

Esta segunda persona fue genuina en su decisión, pero no se comprometió lo suficiente como para disciplinarse y profundizarse en Dios.

El tercer tipo de persona en la multitud en realidad llega un poco más lejos que el anterior. Van a la iglesia y la escuela dominical. Están presentes en las actividades y ministerios. Aprenden a orar y estudiar la Biblia. Pero su corazón y atención están divididos. Quieren ser amigos de Dios, pero también quieren ser amigos del mundo. Quieren los placeres y comodidades que la riqueza puede proveer. No quieren ser pobres o satisfechos con lo que tienen. Además, tienen una familia que alimentar. Entonces, esta persona elige estar contento con una apariencia de piedad pero niega la eficacia de ella. Se vuelven tibios y religiosos. Todavía están presentes en la iglesia, pero su mente está en otra parte. Están haciendo los movimientos religiosos físicamente, pero sus corazones están en volver al "mundo real". Se vuelven infructuosos.

El último tipo de persona en la multitud que sigue a Jesús representa a aquellos que escuchan el evangelio y el mensaje del reino, lo creen y lo reciben. Ellos consideran el costo de lo que significaría seguir a Jesús y deciden seguirlo sin importarles lo qué puede pasar. Se sumergen en Su palabra, pasan tiempo en oración; Buscan maneras de mantenerse puros y sin mancha en este mundo. Eligen defender a Cristo incluso cuando no es popular, o aun cuando les produce persecución, vergüenza y el rechazo de las personas que aman. Sus corazones y sus mentes están enfocados en una sola cosa. Están decididos, y son disciplinados y dedicados.

Este último oyente, esta última persona es el verdadero discípulo. Este es el que da fruto. Algunos pueden dar más frutos que otros, pero no obstante son fructíferos.

Mi testimonio

Vine a Cristo el 14 de noviembre de 2004, a la edad de diecisiete años. Antes de eso había conocido la pobreza, había estado expuesto a la violencia doméstica, el tráfico de drogas, la pornografía, la prostitución y diferentes tipos de inmoralidad sexual. A los quince años, intenté suicidarme y luego nuevamente a los dieciséis. Estuve deprimido por muchos años. Tenía una autoestima tan baja que muchas veces me miraba al espejo y literalmente decía: "Te odio. Eres muy feo."

Durante mi último año en la escuela secundaria, una amiga, Esther Blanco, me invitó a la iglesia varias veces. Yo decía que "sí" y nunca iba hasta que decidí ir a un servicio de campaña de jóvenes. Fui una vez y me gustó. Así que volví para un servicio dominical. El predicador era un joven llamado David Martinez. Predicó un mensaje que aún recuerdo hasta el día de hoy, "Exaltando el nombre de Jesús". Al final de su mensaje, hizo un llamado al altar: "Si quieres exaltar el nombre de Jesús, venga adelante".

Durante todo el mensaje, estaba llorando y no sabía por qué. Respondí al llamado al altar y fui adelante. No sabía lo que estaba haciendo, pero comencé a cerrar los ojos y levantar las manos. Comencé a orar una y otra vez: "Jesús, te quiero exaltar". No oré la oración del pecador ni me arrepentí de mis pecados. Jesús me cautivó por completo y quería vivir para Él y exaltarlo por el resto de mi vida.

De repente, sentí una inmensa gravedad sobre mí. Me estaba empujando hacia abajo pero me resistí. En mi cabeza no entendía lo que estaba pasando y no pretendía tirarme al piso en frente de toda esta gente que ni siquiera conocía. ¿Qué pensarían ellos? Pero el peso se hizo cada vez más pesado. Cuanto más resistí, más rápido llegué al suelo. Cuando finalmente estaba sobre una rodilla sin poder resistirme más, me rendí. Caí postrado al suelo.

Comencé a llorar y sollozar incontrolablemente. Sentí "olas de amor líquido" subiendo y bajando, subiendo y bajando por todo mi cuerpo. Al instante fui lleno con el Espíritu Santo y sentí más amor en ese momento que en toda mi vida. Mis padres fueron buenos padres que me amaron y tuve una gran familia. Pero esto superó cualquier cosa que pudiera imaginar.

Cuando finalmente me levanté del piso, era una persona nueva. Todavía tenía muchas dificultades con las que tenía que lidiar, pero en un par de semanas estaba en fuego. Comencé a devorar mi Biblia. A veces faltaba a la escuela para leer la Biblia. Intentaba irme temprano o llegar a casa lo más rápido posible para poder orar. Oraba entre tres y seis horas al día. Leí el Nuevo Testamento en dos meses y en un año había leído el Antiguo Testamento una vez y el Nuevo Testamento dos veces. Había memorizado decenas de versículos de la Biblia.

En mis primeros dos meses, me nombraron director de jóvenes. En mi primer mensaje, cinco de los miembros de mi familia vinieron a Cristo. Comencé a testificar, orar y ganar almas para Cristo en mi escuela secundaria. Comencé a ministrar en Promesa, un centro de rehabilitación de drogas, predicando el evangelio a los adictos en recuperación. Me involucré en predicar en la calle, limpiar mi iglesia y comencé a servir de cualquier manera que pudiera.

Podría seguir con todo lo que me sucedió después de que entregué mi vida a Cristo. Pero solo quiero enfocarme en una cosa que es relevante para este capítulo. Durante ese primer año, cuando leí la Biblia, recuerdo haber leído la parábola de la que he estado hablando. Me asusté mucho porque pensé que podría ser ese segundo tipo de oyente. Yo estaba gozoso, apasionado y entusiasta. Oraba diciendo: "Oh no. Por favor Dios. No quiero ser como esa segunda tierra. Quiero producir mucho fruto por ti". ¡Oré literalmente esas mismas palabras, casi todos los días, durante casi un año!

Entonces decidí que no solo oraría, sino que también haría algo al respecto. Y por la gracia de Dios, todavía estoy aquí hoy, sirviendo a Jesús, con pasión, con entusiasmo y todavía estoy locamente enamorado de Jesús. Él es mi universo. Me discipliné para leer la Palabra todos los días y orar todos los días. Mi objetivo es acercarme más a Él y poder exaltarlo en lo que sea que haga y donde sea que vaya.

Su decisión

¿Y usted? ¿Qué va a escoger? ¿Quién va a ser? Las distracciones abundarán, pero estamos llamados a fijar nuestros ojos en Jesús (Hebreos 12:2). Se levantarán persecuciones. La Biblia dice: "… todos los que quieren vivir piadosamente en Cristo Jesús padecerán persecución" (2 Timoteo 3:12). Pero si sufres por Cristo, serás bendecido (Mateo 5:10-12). Si sufres por Él, reinarás con Él un día (2 Timoteo 2:12). Déjeme decirle que "el vivir es Cristo y el morir es ganancia" (Filipenses 1:21).

Dios desea que seas un discípulo fructífero, pero Él no lo puede obligar a serlo. ¿Va a dejar que el diablo robe Su palabra de su corazón? ¿Será el tipo de seguidor que emocionalmente es un fanático de Jesús pero que nunca se compromete y por eso se irá cuando las cosas se pongan difíciles? ¿Se descarriará y seguirá las actividades mundanas mientras afirmas religiosamente ser un seguidor de Jesús? ¿O echará raíces profundas y se afirmará en Cristo para dar mucho fruto?

Es su decisión. ¿Qué clase de discípulo quiere ser?

SU VIDA COMO DISCÍPULO:
SIGUIENDO LOS PASOS DE JESÚS

Capítulo 4
DEBES NACER DE NUEVO

En el 2013, leí los evangelios repetitivamente y seguí la vida de Jesús. En los siguientes capítulos de esta sección, quiero usar las diferentes etapas y momentos de la vida de Jesús para ilustrar, o demostrar, cómo debemos vivir si deseamos seguir Sus pasos.

La historia del Cristo encarnado en esta tierra comienza con Su nacimiento virginal. Isaías profetizó cientos de años antes de Su nacimiento: "Porque un niño nos es nacido, hijo nos es dado" (Isaías 9:6a) y "he aquí que la virgen concebirá, y dará a luz un hijo, y llamará su nombre Emanuel" (Isaías 7:14), "que traducido es: Dios con nosotros" (Mateo 1:23). Esta promesa pasó a través de una joven virgen llamada María.

> ²⁶ Al sexto mes el ángel Gabriel fue enviado por Dios a una ciudad de Galilea, llamada Nazaret, ²⁷ a una virgen desposada con un varón que se llamaba José, de la casa de David; y el nombre de la virgen era María. ²⁸ Y entrando el ángel en donde ella estaba, dijo: !!Salve, muy favorecida! El Señor es contigo; bendita tú entre las mujeres. ²⁹ Mas ella, cuando le vio, se turbó por sus palabras, y pensaba qué salutación sería esta. ³⁰ Entonces el ángel le dijo: María, no temas, porque has hallado gracia delante de Dios. ³¹ Y ahora, concebirás en tu vientre, y darás a luz un hijo, y llamarás su nombre JESÚS. ³² Este será grande, y será llamado Hijo del Altísimo; y el Señor Dios le dará el trono de

David su padre; ³³ y reinará sobre la casa de Jacob para siempre, y su reino no tendrá fin. ³⁴ Entonces María dijo al ángel: ¿Cómo será esto? pues no conozco varón. ³⁵ Respondiendo el ángel, le dijo: El Espíritu Santo vendrá sobre ti, y el poder del Altísimo te cubrirá con su sombra; por lo cual también el Santo Ser que nacerá, será llamado Hijo de Dios. ³⁶ Y he aquí tu parienta Elisabet, ella también ha concebido hijo en su vejez; y este es el sexto mes para ella, la que llamaban estéril; ³⁷ porque nada hay imposible para Dios. ³⁸ Entonces María dijo: He aquí la sierva del Señor; hágase conmigo conforme a tu palabra. Y el ángel se fue de su presencia. (Lucas 1:26-38)

Ahora, quiero que avancemos hacia una conversación muy importante que Jesús tuvo con alguien más adelante en Su vida. Volveremos a la historia del nacimiento virginal y veremos cómo se relaciona.

Juan nos dice que un fariseo llamado Nicodemo, "un principal entre los judíos" y un maestro de Israel, vino a Jesús en la noche para hablar con Él (Juan 3:1-2, 10). En otras palabras, un maestro y un líder del Sanedrín, muy entrenado y bien instruido, vino a Jesús para preguntar cosas espirituales. Jesús le habló de inmediato sobre el tema más urgente. Le dijo a Nicodemo: "De cierto, de cierto te digo, que el que no naciere de nuevo, no puede ver el reino de Dios" (Juan 3:3).

Ahora, Nicodemo estaba confundido por las palabras de Jesús, y necesitando más aclaraciones, le preguntó cómo esto era posible. "¿Cómo puede un hombre nacer siendo viejo? ¿Puede acaso entrar por segunda vez en el vientre de su madre, y nacer?" (Juan 3:4). Jesús respondió: "⁵... De cierto, de cierto te digo, que el que no naciere de agua y del Espíritu, no puede entrar en el reino de Dios. ⁶ Lo que es nacido de la carne, carne es; y lo que es nacido del Espíritu, espíritu es" (Juan 3:5-6).

Del diálogo que tuvo lugar entre Jesús y Nicodemo, aprendemos algunas lecciones valiosas. (1) No podemos ser salvos, "ver el reino de Dios", a menos que naciéramos de nuevo. (2) Este nacimiento no es un nacimiento natural, es un nacimiento espiritual. Es una transformación sobrenatural de la vida que solo puede ser realizada por el Espíritu de Dios. La carne da a luz a la carne, o en otras palabras, el cuerpo humano natural solo puede producir hijos humanos naturales. Pero el Espíritu de Dios produce vida espiritual y da a luz hijos espirituales.

Ahora, "¿cómo se relaciona esto con el nacimiento virginal de Jesús?". Me alegra que hayas preguntado. En la historia de María vemos que el ángel, Gabriel, le da un mensaje. Después de que María creyó ese mensaje y se rindió a la voluntad de Dios para su vida, el Espíritu de Dios vino sobre ella y la cubrió (Lucas 1:35). Esta combinación del mensaje de Dios + la fe y la entrega de María + el Espíritu de Dios que vino sobre ella con poder produjo el cumplimiento de la promesa de Dios; El milagroso nacimiento de Su Hijo unigénito.

De manera similar, cuando escuchamos el mensaje de Dios, el evangelio, lo creemos y estamos dispuestos a rendir nuestras vidas a la voluntad de Dios, el Espíritu Santo entrará en nosotros y dará a luz a la naturaleza de Cristo en nosotros. Pedro dice, nos convertimos en "participantes de la naturaleza divina" (2 Pedro 1:4). Pablo dice que nos convertimos en nuevas criaturas (2 Corintios 5:17) y Cristo comienza a vivir dentro de nosotros (Gálatas 2:20).

No se deje engañar por lo que ve en el exterior. Si ha entregado su vida a Jesús, ha nacido de nuevo. Todo lo viejo ha pasado y todo se ha hecho nuevo (2 Corintios 5:17). Mientras renueva su pensamiento a través de la palabra de Dios y cooperar con el Espíritu Santo, Él manifestará públicamente lo que está por dentro (Romanos 12:2). Esta manifestación pública se llama el fruto del Espíritu (Gálatas 5:22-23). Él ayudará a conformar su vida a la imagen de Jesús (Romanos 8:29).

Antes de este nacimiento sobrenatural, estamos muertos en el interior (Efesios 2:1), lo que significa que nuestros espíritus humanos están "desconectados" de Dios. No existe una relación ni una comunión entre nosotros y Dios (Isaías 59:2; Romanos 3:23; 6:23a). Pero al igual que un aparato electrónico recibe poder una vez que está conectado a la electricidad, nuestros espíritus humanos reciben vida espiritual cuando estamos "reconectados" con el Espíritu Santo. Recibimos la vida eterna, que es una relación con Dios que permanece para siempre.

El milagro del nacimiento virginal nunca puede repetirse. Sucedió una vez para dar a luz a nuestro Mesías. No nos convertimos en Dios. Pero este evento físico ilustra el principio espiritual de nuestra necesidad de nacer de nuevo.[8] Cristo vivirá en nosotros por medio del Espíritu Santo. Veremos evidencia de esto a través de los frutos que comienzan a manifestarse en nuestras vidas. Él trabajará con nosotros para conformar nuestras vidas a la imagen de Jesús.

Si queremos seguir los pasos de Jesús, debemos comenzar donde todo comenzó para Él. Debemos comenzar con Su nacimiento virginal. Debemos nacer de nuevo.

---

[8] Quiero dejar algo muy claro. No creo que Cristo haya "nacido de nuevo". Él no tenía una naturaleza pecaminosa y nunca pecó, por lo tanto, no era necesario que naciera de nuevo. Estoy usando Su nacimiento virginal como ilustración de lo que debe ocurrir espiritualmente en nosotros.

Capítulo 5
IDENTIDAD: CONOZCA QUIEN ES USTED

Si vamos a seguir los pasos de Jesús, debemos conocer quiénes somos. La verdad contenida en este capítulo no puede ser sobre enfatizada. Conocer quién es y lo que Dios ha puesto a su disposición será la fuente de adonde fluirán todos los demás manantiales.

Jesús conocía quién era Él desde una edad muy temprana. Aunque no hay mucha información contenida en los Evangelios (Mateo, Marcos, Lucas y Juan) acerca de Su vida hasta que Él se apareció públicamente al mundo, un evento interesante ocurrió cuando Jesús tenía 12 años.

Después de dejar a Jerusalén de celebrar la Pascua, una fiesta judía,[9] María y José (la madre y el padrastro de Jesús) perdieron de vista a Jesús y lo buscaron frenéticamente durante tres días. Cuando lo encontraron y le interrogaron, estas fueron sus palabras: "¿Por qué me buscabais? ¿No sabíais que en los negocios de **mi Padre** me es necesario estar?" (Lucas 2:49; énfasis mío). Como puede ver, desde muy temprana edad, Jesús estaba consciente de quién era Él y dónde pertenecía.

A la edad de 30 años, Jesús fue bautizado (sumergido) en agua por su pariente, Juan. Cuando Jesús salió del agua, una voz del cielo habló y confirmó que Jesús era el Hijo de Dios y que Dios mismo estaba muy complacido con Él (Mateo 3:17). ¡Esto es increíble! Antes de que Jesús hiciera un milagro, antes de que Jesús sanara a una sola persona, antes de que Jesús expulsara a un

---

[9] ver Éxodo 12

demonio o salvara un alma; Dios ya estaba complacido con Él solo porque Él era Su hijo.

Fue esta realización la que formó la base sólida a partir de la cual Jesús hizo todo lo demás en Su vida. Satanás supo esto y después del bautismo de Jesús, lo primero que Satanás atacó cuando tentó a Jesús en el desierto fue Su identidad. Dos veces comenzó sus tentaciones con las palabras "Si eres el Hijo de Dios" (Mateo 4:3, 6). Si pudiera hacer que Jesús dudara de lo que Dios acababa de decir sobre Él, sería capaz de atraparlo. Pero Jesús ni siquiera tartamudeo y demolió las tentaciones de Satanás ¡con la palabra de su Padre!

De la misma manera, si el enemigo puede hacerle dudar de quién es o ignorar quién es, ¡lo mantendrá atado a las cosas de las que Dios ya le ha liberado! A medida que lea la Biblia, aprenderá todas las cosas maravillosas que Dios dice acerca de quién es usted y lo que le ha dado. Pero siempre habrá una fuerte tentación de comparar lo que Dios dice acerca de usted con lo que está experimentando en su vida. Estará tentado a creer su experiencia en lugar de la palabra de Dios. ¡Es mentira! No crea su experiencia, no crea la voz de Satanás, ¡crea la palabra de Dios! ¡Dios no es un mentiroso!

Lo que cree acerca de si mismo influirá enormemente en cómo vives. Lo que cree acerca de si mismo tendrá un gran impacto o limitará su potencial en el Señor. Proverbios 23:7 dice: "Porque cual es su pensamiento en su corazón, tal es él". Su identidad descansa fuertemente en cómo se percibe a si mismo. Jesús dice: "Porque de la abundancia del corazón habla la boca" (Mateo 12:34). En otras palabras, hablará y se comportará de acuerdo con lo que está en su corazón. Sus palabras y su comportamiento son en realidad indicaciones de lo que está sucediendo dentro de usted.

Esta es la razón por la que Salomón dice: "Sobre toda cosa guardada, guarda tu corazón; Porque de él mana la vida." (Proverbios 4:23). Es importante que guarde su corazón de información, palabras, imágenes o ideas que sean contrarias a lo que Dios ha hablado sobre su vida. Todo lo que permitas en su corazón se convertirá en una parte de cómo piensas y cómo se ve a si mismo. Esto, a su vez, producirá palabras, comportamientos y actitudes que concuerdan con lo que crees sobre si mismo. La vida brota o fluye de lo que está en su corazón.

Muchos de nosotros hemos sido influenciados por las palabras que nos han dicho nuestros padres, familias y compañeros. Algunos nos han maldecido con palabras como "eres estúpido", "nunca serás lo suficientemente bueno", "eres feo", "eres demasiado gordo", "eres demasiado flaco", "siempre serás pobre" o "nadie te amará ". Estas palabras, en algunos casos, se han convertido en profecías autocumplidas o nubes de fuerzas invisibles que limitan nuestro progreso y éxito. Puede que incluso sientas que estas cosas son ciertas porque las ve como una realidad en sus experiencias diarias.

Pero eso no es lo que eres. Necesitamos renovar nuestras mentes con lo que Dios dice acerca de nosotros. Debemos entrar en Su palabra y cambiar la forma en que pensamos y la forma en que nos vemos a nosotros mismos. Debemos reemplazar los pensamientos viejos, mundanos, carnales y demoníacos que nos impone el mundo que nos rodea con los pensamientos y palabras de Dios. Solo así podremos caminar libremente en todo lo que Dios ha destinado para nosotros. Usted es quien Dios dice que es. Nada menos, nada más. Punto.

Aquí hay solo un par de las muchas cosas buenas que Dios dice acerca de usted: (1) Si se ha humillado a sí mismo como un niño, se ha apartado de sus pecados y los ha confesado, y cree en Jesús, entonces usted **es un hijo de Dios** (Marcos 1:15; Juan 1:12; Romanos 10:9-10). (2) Si ha entregado su vida a Jesús, entonces has **nacido de nuevo**, y eres una **nueva criatura**. ¡Todo lo viejo ha pasado, y todo se ha hecho nuevo! (Juan 3; 2 Corintios 5:17). (3) Nunca estarás solo porque Jesús siempre estará contigo ya que el **Espíritu Santo vive en usted** (Mateo 28:20; Juan 14:17-18). (4) Podrá hacer **las cosas que hizo Jesús, y aún mayores** (Juan 14:12; Marcos 16:15-18).

Estas son solo algunas de las cosas que Dios dice acerca de usted. Quiero desafiarte a que comiences a buscar todo lo que la Biblia dice acerca de quién eres y lo que Dios ha puesto a su disposición a través de Jesús. Aquí hay algo que debe tener en cuenta, *a la medida en que conozca, crea y camine en la verdad, hasta ese punto, será libre, lo vivirá y lo hará realidad* (Juan 8:31-32; Romanos 12: 2).

En este viaje de llegar a ser como Cristo, debes seguir Sus pasos. Su segunda huella se puede encontrar en la palabra "Identidad". Siga este paso y se dirigirá en la dirección correcta.

Capítulo 6
HAGA LA VOLUNTAD DE DIOS

Nunca he acampado en el bosque, y mucho menos me he perdido alguna vez sin saber cómo regresar a casa. Por años, antes de la invención del G.P.S., muchos han utilizado la Estrella del Norte (también conocida como Polaris, que se encuentra casi directamente sobre el Polo Norte) para orientar su camino a casa o para otros destinos. Saber dónde se encuentra el Norte, permite que el viajero o la persona que está perdida determine dónde es el Sur, Este y Oeste. La Estrella del Norte sirve como punto de referencia para determinar dónde se debe ir.

La "Estrella del Norte" de Jesús era la voluntad de su Padre. La voluntad de Dios era su enfoque, su guía y su referencia sobre la forma de vivir, a dónde ir, qué decir y qué hacer. Jesús vino a la tierra para hacer la voluntad de Dios, así de simple. Nada más ocupó Su tiempo o agenda. Sí, Él quiso salvar a los perdidos. Sí, Él quería sanar a los enfermos. Sí, Él quería predicarle a los pobres. Pero la razón para hacer estas cosas era porque la voluntad del Padre era que Él salvara, sanara, predicara y hasta muriera en una cruz.

Solo escuche sobre el lugar y la prioridad que la voluntad de Dios tenía en la vida de Jesús. "Porque he descendido del cielo, no para hacer mi voluntad, sino la voluntad del que me envió" (Jn. 6:38). "Mi comida", dijo Jesús, "es hacer la voluntad del que me envió y que acabe su obra" (Jn. 4:34). "De cierto, de cierto os digo: No puede el Hijo hacer nada por sí mismo, sino lo que ve hacer al Padre; porque todo lo que el Padre hace, también lo hace el Hijo igualmente" (Jn. 5:19). "Padre mío, si es posible, pasa de mí esta copa; pero no sea como yo quiero, sino como tú" (Mt. 26:39).

Desde Su nacimiento, hasta Su bautismo, y Su muerte, Jesús buscó hacer la voluntad de Dios y obedecer a Su Padre. Hacer la voluntad de Su Padre estaba en la mente de Jesús día y noche, desde el amanecer hasta la puesta del sol.

¿Y usted? ¿Acaso conocer y hacer la voluntad de Dios consume sus pensamientos? ¿Guía su vida y controla su tiempo? Cuando despierta cada día, ¿Siente que está cumpliendo con la agenda de Dios o la suya propia?

Jesús le enseñó a Sus discípulos a orar: "Venga tu reino. *Hágase tu voluntad*, como en el cielo, así también en la tierra". (Mateo 6:10; énfasis mío). Esto debía ser una petición diaria, como puede verse en Sus palabras: "¹¹ El pan nuestro *de cada día*, dánoslo *hoy*. ¹² Y perdónanos nuestras deudas..." (6:11-12: énfasis mío). Le pedimos a Dios por provisión y el perdón a diario, ¿verdad? De la misma manera, debemos pedir que venga el reino de Dios y que se haga Su voluntad diariamente. El reino de Dios y Su voluntad se unirán en un solo paquete.

Ahora, note las palabras "tierra" y "cielo" en esta petición. ¿Quién está en el cielo y quién está en la tierra? Dios está en el cielo y usted está en la tierra. Cada vez que oramos esta oración, pedimos a Dios que cumpla Su voluntad en nuestras vidas. Le pedimos a Él que nos gobierne, que reine sobre nosotros y que esté a cargo de nuestras vidas. De la misma manera, Dios gobierna y reina en el cielo y Su voluntad siempre la hacen los santos y los ángeles, por lo que en la tierra debemos desear ver Su voluntad en otros, pero aún más específicamente, en nosotros mismos.

Mira la ventaja de hacer la voluntad de Dios. Juan dice: "Y el mundo pasa, y sus deseos; pero el que hace la voluntad de Dios permanece para siempre" (1 Juan 2:17). En contraste con las modas de este mundo, la persona que hace la voluntad de Dios, nunca morirá ni se desvanecerá. Déjeme decirle que el lugar más seguro para estar en la tierra es en la perfecta voluntad de Dios. Él nunca le llevará por mal camino. Su voluntad siempre tiene lo mejor en mente (Jeremías 29:11). Incluso, cuando Su voluntad le lleva a través del valle de sombra y de muerte, Su presencia, protección y provisión siempre le acompañarán (Salmo 23:4).

La voluntad de Dios debe ocupar un lugar central en su vida si quieres llegar a ser como Jesús. Jesús mismo dijo: "Mas buscad primeramente el reino de Dios y su justicia, y todas estas cosas os serán añadidas" (Mateo 6:33). Ahora, cuando Jesús dice que debemos buscar Su reino "primero", Él está diciendo que debemos buscarlo "primero" en términos de cronología y "primero" en términos de prioridad. La cronología tiene que ver con el tiempo. La prioridad tiene que ver con la importancia. Déjame explicarle esto un poco más.

Buscar Su reino primero, cronológicamente, significa buscar Su voluntad antes que usted busque cualquier otra cosa. Antes de comenzar su día, debe desear buscar y hacer la voluntad de Dios para su vida. Antes de tomar decisiones importantes con su vida, debe desear buscar y hacer la voluntad de Dios para su vida. Antes de elegir entrar en cualquier relación, debe desear buscar y hacer la voluntad de Dios para su vida. No importa lo que usted u otros digan, Dios debe tener la primera y la última palabra.

Ahora, buscar primero Su reino, en términos de prioridad, es una referencia a la importancia. Debemos ver Su reino y Su voluntad como más importantes y más valiosos para nosotros que cualquier otra cosa o cualquier otra persona. "Porque donde esté vuestro tesoro, allí estará también vuestro corazón" (Mateo 6:21). ¿Puedo decirle que su corazón deseará y buscará e incluso usted hará sacrificios por lo que crea que es valioso?

¿Cuál es la voluntad de Dios para su vida? ¿Qué le está pidiendo que haga? Determine hoy en su corazón y mente descubrir cuál es la voluntad de Dios para su vida en general (a largo plazo) y específicamente (a diario). Alinease con Dios. Al conocer y obedecer la voluntad de Dios, usted caminará de una manera digna de Él, lo complacerá en todos los aspectos, dará frutos en toda buena obra y aumentará en el conocimiento de Dios (Colosenses 1:10).

Jesús dice que aquellos que hacen la voluntad de Dios son bendecidos (Lucas 11:28), lo que significa ser feliz, afortunado, favorecido por Dios, recipientes de los beneficios de Dios y alguien que debe ser envidiado. [10] También llama a aquellos que hacen la voluntad de Dios Sus propios hermanos, hermanas y madres (Marcos 3:35).

Si se pregunta si es posible conocer la voluntad de Dios claramente, Pablo dice: "No os conforméis a este siglo, sino transformaos por medio de la renovación de vuestro entendimiento, para que comprobéis cuál sea la buena voluntad de Dios, agradable y perfecta" (Romanos

---

[10] Strong's #3107

12:2). En otras palabras, si se niega a pensar y actuar como el mundo, y si cambia la manera en que piensa al entrar en la palabra de Dios y pasar tiempo con Él en oración, podrá saber cuál es "la buena voluntad de Dios, agradable y perfecta".

Kathryn Kuhlman solía decir: "El Padre Celestial no pide vasos de oro. No pide vasos de plata. Dios pide vasos cedidos, aquellos que someterán su voluntad a la voluntad del Padre. Y el mayor logro humano en todo el mundo es que una vida esté tan entregada a Él, que el nombre de Dios Todopoderoso sea glorificado a través de esa vida".

Necesitamos llegar a ser como Cristo. Esto implica seguir Sus pasos, y si la voluntad de Dios era el enfoque, la guía y la Estrella del Norte de Jesús, ¿no debería ser la nuestra?

Capítulo 7
MISIÓN: ESTABLECER EL REINO DE DIOS

Cuando Dios creó al hombre a Su imagen y semejanza, Su intención era que el hombre gobernara y tuviera dominio sobre toda la tierra (Génesis 1:26). Cuando el hombre pecó, su imagen se corrompió y fue depravada como el enemigo de Dios, por tanto su autoridad fue entregada al enemigo de Dios: Satanás (Lucas 4:6). Desde entonces, Satanás ha tratado de remodelar el mundo a su imagen. Él ha establecido su propio reino oscuro y pervertido (Efesios 6:18). Él ha tratado de perseguir, distorsionar y matar todo y a todos los que se parecen a Dios en este mundo. Él ha intentado infiltrarse y sabotear al pueblo de Dios y la obra de Dios. Él se ha establecido como el dios de este mundo (2 Corintios 4:4) y ha puesto a las personas bajo su poder (1 Juan 5:19) a través del temor y el engaño (Hebreos 2:15; Juan 8:44).

Pero cuando Cristo vino a la tierra, vino a deshacer todo lo que Satanás había hecho (1 Juan 3:8). Él vino para marcar el comienzo de la autoridad, el mandato, el dominio, y el gobierno de Dios, ¡el reino de Dios! Por esa razón, el primer mensaje que Jesús comenzó a proclamar fue: "El tiempo se ha cumplido, y el reino de Dios se ha acercado; arrepentíos, y creed en el evangelio" (Marcos 1:15). Comenzaría a recuperar lo que el diablo había robado con engaño. Esto seguramente es buena noticia.

Durante Su vida, Jesús demostró que una vez más Dios estaba tomando el control a través de la expulsión de los demonios. "Pero si yo por el Espíritu de Dios echo fuera los demonios, ciertamente ha llegado a vosotros el reino de

Dios" (Mateo 12:28). Él también haría esto a través de la sanidad de los enfermos (Hechos 10:38; Lucas 13:16), y predicando estas buenas nuevas a los pobres (7:20-22). "[18] El Espíritu del Señor está sobre mí, Por cuanto me ha ungido para dar buenas nuevas a los pobres; Me ha enviado a sanar a los quebrantados de corazón; A pregonar libertad a los cautivos, Y vista a los ciegos; A poner en libertad a los oprimidos; [19] A predicar el año agradable del Señor" (Lucas 4:18-19).

A través de Su muerte y resurrección, Jesús desarmó a Satanás y derrotó completamente a la muerte y la tumba (Hebreos 2:14-15; Colosenses 2:15; Apocalipsis 1:18). Cuando Jesús regrese a la tierra, establecerá un reino físico como lo profetizó Daniel.

> [13] Miraba yo en la visión de la noche, y he aquí con las nubes del cielo venía uno como un hijo de hombre, que vino hasta el Anciano de días, y le hicieron acercarse delante de él. [14] Y le fue dado dominio, gloria y reino, para que todos los pueblos, naciones y lenguas le sirvieran; su dominio es dominio eterno, que nunca pasará, y su reino uno que no será destruido. (7:13-14)

Después de esto, finalmente removerá a Satanás, y eliminará la muerte, la enfermedad, el dolor y la maldición de este mundo (Apocalipsis. 20:10, 14; 21:1, 3-4).

El reino de Dios fue el mensaje de Jesús y fue el mensaje que Sus seguidores debían predicar y demostrar. El rey había venido a reinar y Su deseo es reinar *en* los corazones de los hombres antes de reinar *sobre* las naciones con una vara de hierro. Dios permitió que el mundo siguiera su propio camino por algún tiempo, pero ahora Él ordena que todos los hombres se arrepientan (Hechos 17:30). "Por cuanto ha establecido un día en el cual juzgará al mundo con justicia, por aquel varón a quien designó, dando fe a todos con haberle levantado de los muertos" (Hechos 17:31).

Jesús prometió estar con todos los creyentes y darles poder al asumir esta Gran Comisión (Mateo 28:18-20; Marcos 16:15-18; Hechos 1:8). Le dijo a Sus seguidores que fueran de ciudad en ciudad y echaran fuera a los demonios, sanaran a los enfermos y predicaran el reino de Dios (Lucas 9:1-2; 10:8-9). Esta comisión, esta tarea, esta demostración y este mensaje no son una opción. No es para un grupo especial de cristianos. No es para pastores, evangelistas, maestros o ministros a tiempo completo. ¡CADA SEGUIDOR DE JESÚS DEBE ESTABLECER SU REINO AQUÍ EN LA TIERRA! Debemos hacer discípulos como Jesús hizo discípulos y debemos enseñarles a obedecer todo lo que Él ha mandado.

Entonces, al ir al trabajo o la escuela y vivir nuestra vida cotidiana, debemos acercarnos a quienes nos rodean (familiares, amigos, compañeros de trabajo y extraños). Debemos informarles de quién es Jesús y qué ha hecho por ellos. Debemos persuadirlos para que se vuelvan del mal y entreguen sus vidas a Dios porque Él los ama, murió para perdonarlos y quiere cumplir Su propósito en ellos. Aquellos que elijan confiar en Dios serán perdonados de todos sus pecados (Lucas 24:46-47), serán hechos una nueva persona (Juan 3:3; 2 Corintios 5:17), se convertirán en un verdadero hijo de Dios (Juan 1:12), y disfrutarán de una relación perpetua con Dios en esta vida y en la que vendrá (Juan 17:3; 11:25-26; Romanos 8:28-39). Y junto con su mensaje, puedes confirmar y demostrar este mensaje sanando a los enfermos, liberando a los que están atados por el diablo, viviendo una vida transformada y mostrándoles el amor incondicional de Dios (Hechos 10:38).

Cuanto más se acerquen las personas a Dios, cuanto más grande se hace Su reino, más se llenará la tierra de la gloria de Dios, y más rápido iniciaremos la venida de Cristo y la renovación de todas las cosas (Mateo 24:14). Su pueblo ha de hacerse como levadura. "El reino de los cielos es semejante a la levadura que tomó una mujer, y escondió en tres medidas de harina, hasta que todo fue leudado" (Mateo 13:33). Nabucodonosor vio esto en un sueño,

> [34] Estabas mirando, hasta que una piedra fue cortada, no con mano, e hirió a la imagen en sus pies de hierro y de barro cocido, y los desmenuzó. [35] Entonces fueron desmenuzados también el hierro, el barro cocido, el bronce, la plata y el oro, y fueron como tamo de las eras del verano, y se los llevó el viento sin que de ellos quedara rastro alguno. Mas la piedra que hirió a la imagen fue hecha un gran monte que llenó toda la tierra… [44] Y en los días de estos reyes el Dios del cielo levantará un reino que no será jamás destruido, ni será el reino dejado a otro pueblo; desmenuzará y consumirá a todos estos reinos, pero él permanecerá para siempre, [45] de la manera que viste que del monte fue cortada una piedra, no con mano, la cual desmenuzó el hierro, el bronce, el barro, la plata y el oro. El gran Dios ha

mostrado al rey lo que ha de acontecer en lo por venir; y el sueño es verdadero, y fiel su interpretación. (Daniel 2:34-35, 44-45)

Si realmente vamos a ser como Cristo y seguir Sus pasos, debemos dedicar nuestras vidas a cumplir Su misión. Somos el cuerpo de Cristo aquí en la tierra. Y Su misión es establecer el reino de Dios en este mundo.

Capítulo 8
SER LLENO DEL ESPÍRITU: UNA VIDA DE PODER

No se sabe mucho acerca de la vida de Jesús, hasta el día en que fue bautizado en agua.[11] Pero los cuatro Evangelios establecen su enfoque en el día en que salió del agua y el Espíritu Santo vino sobre Él como una paloma. No fue hasta que fue ungido, señalado y apoderado del Espíritu Santo que comenzó Su trabajo real en la tierra.

Pedro describió lo que le sucedió a Jesús con estas palabras: "cómo Dios ungió con el Espíritu Santo y con poder a Jesús de Nazaret, y cómo éste anduvo haciendo bienes y sanando a todos los oprimidos por el diablo, porque Dios estaba con él" (Hechos 10:38).

Hasta el día en que fue bautizado en agua y ungido por el Espíritu Santo, Jesús no pudo hacer milagros, señales ni maravillas. Pero una vez que el Espíritu Santo vino sobre Él, Jesús recibió poder. Él sanó a todos los enfermos que vinieron a Él. Él echo fuera demonios de aquellos que fueron oprimidos por el diablo. Levantó a los muertos, abrió los ojos de los ciegos, sanó a los leprosos, reveló los secretos de la vida de las personas, recibió una sabiduría extraordinaria y proclamó el reino de Dios. Otro de Sus seguidores incluso dijo: "[25] Y hay también otras muchas cosas que hizo Jesús, las cuales si se escribieran una por una, pienso que ni aun en el mundo cabrían los libros que se habrían de escribir" (Juan 21:25). ¡Guauu! ¡Increíble!

---

[11] ver Mt. 1-2; Lc. 1-3 para obtener más información sobre la vida de Jesús antes de su bautismo.

Ahora, usted podría preguntarse "si Jesús era Dios, ¿por qué necesitaba que el Espíritu Santo viniera sobre Él para comenzar a hacer cosas sobrenaturales?"

Debemos recordar que Jesús fue Dios envuelto en carne humana (Juan 1:1, 14). Cuando Jesús se hizo hombre, se despojó de todo Su poder y gloria (Filipenses 2:6-7). Se volvió como cualquier hombre común, con la excepción de que no pecó (Hebreos 2:17-18; 4:15). Todavía era Dios. Todavía era uno con el Padre. Pero al humillarse a Sí mismo, tomó las limitaciones de un hombre: envejeció, tuvo hambre, tuvo sed, sangró.

Hay muchas razones por las que Jesús necesitaba volverse así. Una de las razones principales, más relevante para al tema de este capítulo, es que Jesús estaba dejando un ejemplo para usted y para mí. Él estaba demostrando lo que usted y yo podríamos hacer como seres humanos ungidos y empoderados por el Espíritu de Dios. Si Jesús hizo algo como Dios, no podríamos seguir Su ejemplo. Diríamos: "Bueno, ¡por supuesto que Jesús podría hacer eso, Él era Dios!".[12] Pero el hecho mismo de que Jesús caminó como un ser humano que no podía hacer ningún milagro hasta que el Espíritu estaba sobre Él es una lección para nosotros. Nosotros también podemos hacer lo que Jesús hizo.

Jesús le ordena a Sus seguidores que sean llenos y empoderados con el mismo Espíritu que poseía para que no solo pudiéramos hacer las mismas cosas que hizo, sino incluso cosas más grandes que Él (Juan 14:12). Jesús les dijo a Sus discípulos que antes de ir a todo el mundo para

---

[12] ¿No decimos cosas así cuando tratamos de imitar Su ejemplo al vivir una vida justa? "Por supuesto, Jesús no pecó. Él era Dios y yo solo soy un hombre". Aun esta idea es errónea.

predicar el evangelio, "quedaos vosotros en la ciudad de Jerusalén, hasta que seáis investidos de poder desde lo alto" (Lucas 24:49). "⁴ Y estando juntos, les mandó que no se fueran de Jerusalén, sino que esperasen la promesa del Padre, la cual, les dijo, oísteis de mí. ⁵ Porque Juan ciertamente bautizó con agua, mas vosotros seréis bautizados con el Espíritu Santo dentro de no muchos días" (Hechos 1:4-5). Una vez que recibieran este bautismo, "recibiréis poder, cuando haya venido sobre vosotros el Espíritu Santo, y me seréis testigos en Jerusalén, en toda Judea, en Samaria, y hasta lo último de la tierra" (Hechos 1: 8).

¿Puede ver por qué es tan importante que seamos llenos del Espíritu Santo? Observe que Sus discípulos serían Sus testigos solo después de que el Espíritu Santo viniera sobre ellos y recibieran poder de lo alto. Este poder les permitiría moverse en lo sobrenatural. Ahora, antes de que empiece a pensar que este mandato fue solo para los Apóstoles y la iglesia primitiva, quiero que lea las palabras de Marcos. Él dice,

> ¹⁵ Y les dijo: Id por todo el mundo y predicad el evangelio a toda criatura. ¹⁶ El que creyere y fuere bautizado, será salvo; mas el que no creyere, será condenado. ¹⁷ Y estas señales seguirán a los que creen: En mi nombre echarán fuera demonios; hablarán nuevas lenguas; ¹⁸ tomarán en las manos serpientes, y si bebieren cosa mortífera, no les hará daño; sobre los enfermos pondrán sus manos, y sanarán. (16:15-18)

La promesa es para todos los que han creído. Esta promesa se encuentra en el contexto de la Gran Comisión, que es para todos los cristianos.

Sin este poder no podemos ser testigos efectivos de Cristo.[13] "Porque el reino de Dios no consiste en palabras, sino en poder" (1 Corintios 4:20). No debemos depender de nuestra sabiduría, elocuencia, talentos o carisma para testificar acerca de Jesús, sino del poder de Dios para que cuando la gente crea, "vuestra fe no esté fundada en la sabiduría de los hombres, sino en el poder de Dios" (1 Corintios 2:1-5). Adrian Rogers solía decir: "Cualquier cosa en la que yo lo pueda convencer, ¡alguien más puede argumentarle y disuadirlo de esto! Pero un hombre con un testimonio, un hombre que ha tenido un encuentro con Dios nunca puede ser persuadido para dejar de creer en Dios" (paráfrasis y traducción mía).[14]

Este poder no puede ser experimentado fuera de la presencia del Espíritu Santo. Se nos manda a estar continuamente llenos del Espíritu (Efesios 5:18). Dios debe trabajar a través de nosotros si queremos proclamar, representar y glorificar efectivamente a Cristo. Cualquier trabajo que realicemos en nuestra fuerza, en nuestra carne o en nuestra sabiduría se marchitará y morirá. Pero todo lo que se haga a través del poder, la fuerza y la presencia de Dios permanecerá para siempre (1 Corintios 3:11-15).

Nuestra motivación para tratar de llenarnos no es para glorificarnos o gratificarnos, sino para exaltar a Cristo

---

[13] Escribí un libro entero dedicado a este tema. En *Como Cristo: Sobrenatural*, aprenderá cómo alcanzar a los perdidos con el poder y los dones del Espíritu Santo. Este libro no solo le inspirará, sino que le dará pasos prácticos para aprender a moverse en el poder sobrenatural de Dios. Realmente creo que el evangelismo de poder fue una de las razones principales por las cuales la iglesia primitiva fue tan efectiva en ganar a los perdidos para Cristo.

[14] Vea el capítulo 9 de Juan para un ejemplo de esto.

y expandir el reino de Dios. Cristo, como hombre lleno del Espíritu Santo es nuestro ejemplo. ¡Examina todo lo que hizo en solo tres años!

Si Jesús, el Hijo de Dios, necesitaba ser lleno y empoderado por el Espíritu; si los Apóstoles necesitaban ser llenos y empoderados por el Espíritu; Si la iglesia primitiva necesitaba ser llena y empoderada por el Espíritu, ¿qué nos hace pensar que podríamos hacer más sin ella?

¡Si queremos ser como Cristo, debemos seguir Sus pasos y ser llenos del Espíritu Santo para testificar sobre el reino de Dios con poder! Él ascendió al cielo pero nos dio el Espíritu Santo para que pudiéramos continuar Su trabajo aquí en la Tierra (Juan 14-16). Él nos ha pasado la batuta. Queremos imitar Su carácter y Su presencia. Queremos imitar Sus frutos y Su poder. Te animo a que estés solo con Dios y luches con Él en oración día y noche, hasta que Él lo bendiga con este don (Lucas 11:9-13). Es Su voluntad. Es Su deseo hacerlo.

Capítulo 9
IMITANDO LA VIDA DE ORACIÓN DE JESÚS

Si hubiera seguido a Jesús mientras aún vivía en la tierra, no tardaría mucho en notar que era un hombre de oración. De hecho, a menudo se quedaba solo con Su Padre para hablar con Él. "Mas él se apartaba a lugares desiertos, y oraba" (Lucas 5:16). Cuanto más solitario, más retirado y más privado estaba el lugar, mejor era.

Jesús no podía dejar pasar un día sin escuchar la voz, ver la cara o sentir la presencia de Su Padre. Él amaba a Su Padre. Jesús se levantaba muy temprano en la mañana mientras todavía estaba oscuro simplemente para estar a solas con Dios (Marcos 1:35). Nunca estuvo demasiado ocupado para orar. De hecho, cuanto más pesado era Su horario y cuanto más importantes eran las decisiones que tenía que tomar, más oraba. Por ejemplo, pasó una noche entera en oración antes de elegir a los 12 hombres que eventualmente asumirían Su trabajo. "[12] En aquellos días él fue al monte a orar, y pasó la noche orando a Dios. [13] Y cuando era de día, llamó a sus discípulos, y escogió a doce de ellos, a los cuales también llamó apóstoles" (Lucas 6:12-13).

Cristo fue tan íntimo con Su Padre que Su vida de oración fue extraordinaria. Él oraba y los cielos se abrían (Lucas 3:21). Él oraba y Su apariencia se transformaba (Lucas 9:28-29). Él oraba y Dios respondía audiblemente (Juan 12:28). Él oraba y los ángeles lo asistían (Lucas 22:42-44). Su vida de oración fue tan sorprendente que Sus propios discípulos, que ya estaban familiarizados con la oración diaria, ¡le pidieron a Jesús que les enseñara a orar! (Lucas 11:1).

Ahora, si Jesús, el Hijo de Dios necesitaba orar, quería orar y oraba continuamente, ¿no crees que nosotros también deberíamos? Si la oración era una prioridad en la vida de Jesús, entonces nosotros, quienes somos Sus seguidores, también deberíamos hacer de la oración una prioridad en nuestras vidas. Como he escuchado, muchos dicen: "Nunca te preocupes tanto en hacer la obra del Señor que te olvides del Señor de la obra". No hay un calendario tan exigente, ni un sufrimiento tan doloroso, ni una prueba tan difícil que le haga sacrificar la oración! Necesitamos estar solos con Dios todos los días. Debemos orar continuamente (1 Tesalonicenses 5:17).

Si no sabes cómo orar, lea lo que Jesús dijo. En el Sermón del Monte, Jesús nos enseñó a orar primero en secreto.

> [5] Y cuando ores, no seas como los hipócritas; porque ellos aman el orar en pie en las sinagogas y en las esquinas de las calles, para ser vistos de los hombres; de cierto os digo que ya tienen su recompensa. [6] Mas tú, cuando ores, entra en tu aposento, y cerrada la puerta, ora a tu Padre que está en secreto; y tu Padre que ve en lo secreto te recompensará en público (Mateo 6:5-6)

El propósito de la oración no es la popularidad sino la intimidad. No debemos hacer nuestras devociones privadas para recibir elogios de los hombres. Debemos encontrar un lugar donde podamos estar a solas con Dios para que podamos acercarnos más a Él. Dios hará que los hombres vean públicamente lo que hemos ganado con Él en privado.

Segundo, Jesús nos enseñó a orar sencillamente. "⁷ Y orando, no uséis vanas repeticiones, como los gentiles, que piensan que por su palabrería serán oídos. ⁸ No os hagáis, pues, semejantes a ellos; porque vuestro Padre sabe de qué cosas tenéis necesidad, antes que vosotros le pidáis" (Mateo 6:7-8). No es necesario que uses palabras que suenen como si estuvieras leyendo un diccionario o una obra de Shakespeare cuando le hablas a Dios. Dios solo quiere escuchar su corazón. Él quiere "comunión como amigo con amigo". Las oraciones falsas, largas e hipócritas lo apagan y hacen que Él cierre Su oído hacia usted. Sea usted mismo y simplemente converse sencillamente.

Tercero, sigue el modelo del Padre Nuestro.

⁹ Vosotros, pues, oraréis así: Padre nuestro que estás en los cielos, santificado sea tu nombre.
¹⁰ Venga tu reino. Hágase tu voluntad, como en el cielo, así también en la tierra.
¹¹ El pan nuestro de cada día, dánoslo hoy.
¹² Y perdónanos nuestras deudas, como también nosotros perdonamos a nuestros deudores.
¹³ Y no nos metas en tentación, mas líbranos del mal; porque tuyo es el reino, y el poder, y la gloria, por todos los siglos. Amén. (Mateo 6:9-13)

Seguir el modelo del Padre Nuestro no significa que debes citarlo o repetirlo una y otra vez en vana repetición.

Simplemente significa usarlo como una guía sobre qué decir. Adórale, agradécele y alábale a Él (vv9-10); Presente sus necesidades a Él y haga cualquier petición (v11); Confiese sus pecados a Él (v12); ore por la protección divina del mal y la tentación (v13a); y por último, termine con un poco más de adoración, acción de gracias y alabanza (v13b).

Algunos consejos adicionales cuando ores es que ores esperando una respuesta. "⁷ Pedid, y se os dará; buscad, y hallaréis; llamad, y se os abrirá. ⁸ Porque todo aquel que pide, recibe; y el que busca, halla; y al que llama, se le abrirá" (Mateo 7:7-8). Dios responde a la fe. Sin fe, no puedes agradarlo (Hebreos 11:6) y no puedes recibir respuestas a sus oraciones (Santiago 1:6-8). Si ora de acuerdo a Su voluntad, confíe en que Él le escuchará, y si Él le escucha, recibirá una respuesta a sus oraciones (1 Juan 5:14-15).

Finalmente, cuando sea posible, ore con otros (Mateo 18:19-20) y por otros (Efesios 6:18; Hebreos 13:3).

La oración debe convertirse en una fuente infinita de alegría para usted. Al hablarle a Dios y Él le responde, su corazón se regocijará en Su amor y cuidado (Juan 16:24). Aun cuando esperas una respuesta, todavía encontrará alegría solo por estar en Su presencia (Salmo 16:11). No puedo enfatizar lo suficiente la importancia de ser un hombre o una mujer de oración cuando se trata de seguir a Cristo y llegar a ser como Él. Si quieres llegar a ser como Cristo, debes seguir Sus pasos. Amado, Cristo ha dejado una huella profundamente impresa en la oración.

Capítulo 10
LLENO DE LA PALABRA

¿Qué tan bien conoces la palabra de Dios? ¿Qué tan importante es para usted leerlo, conocerlo y vivirlo? Las escrituras, de hecho, tenían un papel y un lugar central en la vida de Jesús.

Desde muy temprana edad, Jesús se sumergió en las Escrituras, formuló preguntas al respecto y dio respuestas profundas a Su audiencia (Lucas 2:46-47). Él lo memorizó y lo usó para defenderse de las tentaciones de Satanás (Lucas 4:4, 8, 12). Honró la palabra en los términos más fuertes (Mateo 5:18-19). Cada vez que las opiniones o tradiciones de los hombres violaban o eclipsaban las palabras de Dios, Jesús entraba en desacuerdo con ellos (Marcos 7:6-8). Hizo todo el esfuerzo posible por vivir de tal manera que cumpliera con todo lo que estaba escrito en las Escrituras y nunca falló (Mateo 5:17; 13:13, 34-35; Hebreos 4:15). Jesús mismo es considerado como la palabra viva (Juan 1:1, 14).

Si queremos seguir los pasos de Cristo, también debemos hacer que la palabra de Dios sea una prioridad en nuestras vidas. Cualquier persona que diga que ha nacido de nuevo y no desea conocer la palabra de Dios, su salvación puede ser cuestionada. Es tan natural que un cristiano nacido de nuevo desee la palabra, como lo es para un bebé recién nacido que desea la leche. Pedro, un apóstol de Jesucristo, dijo: "desead, como niños recién nacidos, la leche espiritual no adulterada, para que por ella crezcáis para salvación" (1 Pedro 2:2). Un verdadero cristiano debe desear llenarse con la palabra de Dios.

Debemos leerla, estudiarla, memorizarla, interiorizarla y vivirla. La Biblia nos da muchas razones por que. Primero, está inspirado por Dios (2 Timoteo 3:16). La palabra griega significa "soplado por Dios". Al igual que cuando Dios soplo en barro y le dio vida a Adán, o al igual que cuando sopla un viento en la vela de un barco para avanzar, así es que Dios "soplo" o movió a los autores humanos para escribir lo que escribieron. Sí, la Biblia fue escrita por hombres, pero estos hombres no escribieron lo que querían aparte de Dios. "[20] entendiendo primero esto, que ninguna profecía de la Escritura es de interpretación privada, [21] porque nunca la profecía fue traída por voluntad humana, sino que los santos hombres de Dios hablaron siendo inspirados por el Espíritu Santo" (2 Pedro 1:20-21).

Segundo, nos señala hacia la dirección de Cristo y nos hace sabios para la salvación (2 Timoteo 3:15). Sin la palabra de Dios, no conociéramos el camino de la salvación ni podríamos explicarlo por completo y claramente a otra persona. De nuevo, Pedro dijo: "siendo renacidos, no de simiente corruptible, sino de incorruptible, por la palabra de Dios que vive y permanece para siempre" (1 Pedro 1:23).

Tercero, es capaz de enseñarnos, entrenarnos, corregirnos y equiparnos para hacer todo lo que Dios nos ha llamado a hacer (2 Timoteo 3:16-17). Todos fuimos creados con un propósito (Efesios 2:10) y la mejor manera de determinar ese propósito y estar listos para cumplir ese propósito es conocer la palabra de Dios. A través de la Biblia, aprendemos de los buenos y malos ejemplos sobre cómo vivir para Dios y obedecer Su voluntad. Pablo dijo: "Porque las cosas que se escribieron antes, para nuestra enseñanza se escribieron, a fin de que por la paciencia y la consolación de las Escrituras, tengamos esperanza" (Romanos 15:4). También dijo: "Y estas cosas les acontecieron como ejemplo, y están escritas para amonestarnos a nosotros, a quienes han alcanzado los fines de los siglos" (1 Corintios 10:11).

La cuarta razón por la que debemos leer, estudiar, memorizar, interiorizar y vivir la Biblia es porque es literalmente el pan que alimenta a nuestros espíritus y nos da vida (Juan 6:63). Cuando Satanás lo tentó a convertir una piedra en pan, Jesús respondió: "Escrito está: No sólo de pan vivirá el hombre, sino de toda palabra que sale de la boca de Dios" (Mateo 4:4). L qué el alimento es para nuestros cuerpos físicos, la palabra de Dios es para nuestra alma y espíritu.

En quinto lugar, nos da luz y dirección cuando estamos caminando en la oscuridad y la confusión. Un salmista dijo: "Lámpara es a mis pies tu palabra, Y lumbrera a mi camino" (Salmo 119:105). Habrá ocasiones en las que necesitará orientación sobre un tema o situación en particular. Muchos recurren a los amigos cuando buscan consejo. No hay nada malo en eso, pero Dios quiere que primero vayas a Su palabra y busques Su voluntad allí.

Sexto, es la espada con la que cortamos nuestro enemigo, la tentación y las fortalezas en nuestras mentes (Efesios 6:17; 2 Corintios 10:4-5). Aunque lo mencioné anteriormente, es interesante notar que cuando Jesús fue confrontado por el diablo, no le arrojó piedras. Él no lo maldijo, ni huyó de él. Él no entró en una intercesión profunda ni tocó música espiritual. Algunas de estas cosas (la oración y la música) son útiles, pero esta no fue su defensa. Todo lo que Jesús hizo fue citarle la palabra de Dios al diablo. Él se sometió a la voluntad de Dios, se resistió a hacer la voluntad de Satanás y citó la palabra de Dios.

De la misma manera, cuando se enfrente al enemigo, necesitará citar la Biblia. Pero, ¿cómo puedes citar algo que nunca has leído? Esa es una de las razones por las que muchos cristianos se enfrentan a la derrota cuando son tentados o atacados por el diablo. No saben cómo usar su espada.

Séptimo, es la verdad que nos libera y nos ayuda a transformarnos en la imagen de Dios (Juan 8:32; Romanos 12:2). Cuanto más lea la Biblia y reemplacemos nuestros viejos pensamientos con la palabra de Dios, más comenzaremos a hablar y vivir de acuerdo con la voluntad de Dios. Caminaremos de manera segura en nuestra identidad como hijos de Dios y no seremos engañados fácilmente por el padre de la mentira.

Octavo, es la medida por la cual juzgamos y discernimos lo que realmente es de Dios (2 Pedro 2:19-21; Gálatas 1:8; Hechos 17:11-12). Hay tantos falsos maestros y religiones por ahí. Una de las maneras más seguras de defendernos del engaño es con conocer la palabra de Dios.

Esto me lleva a la última razón por la que debemos leer, estudiar, memorizar, interiorizar y vivir la Biblia. Somos llamados a ser obreros de Dios que son aprobados por Él porque sabemos cómo usar Su palabra (2 Timoteo 2:15). Estamos llamados a enseñar y predicar la palabra de Dios (Mateo 28:20; Marcos 16:15; 2 Timoteo 4:2). Estamos llamados a defender lo que creemos (1 Pedro 3:15). Pero, amados, ¿cómo podemos compartir, enseñar o predicar Su palabra si no conocemos Su palabra? ¿Cómo podemos defender lo que creemos o explicar a Cristo a los demás si no estudiamos Su palabra? ¿Cómo podemos ser aprobados por Dios como Sus obreros si ni siquiera sabemos cómo usar Su palabra?

Permítame advertirle que si no pasa tiempo leyendo, estudiando, memorizando e interiorizando la Palabra de Dios diariamente, será un cristiano débil; un cristiano que es fácilmente engañado por falsos profetas, maestros, religiones y filosofías; un cristiano que no podrá defender ni convencer a otros de la verdad; un cristiano con un cimiento débil para enfrentarse a las tentaciones y la adversidad; un cristiano que no crecerá en su relación con Dios. Podría seguir, pero creo que entiendes el punto.

Si quieres ser como Cristo debes seguir Sus pasos. Haz de la Palabra una prioridad en su vida y dale el mismo lugar en su corazón que Jesús le dio en la de Él.

Capítulo 11
JUSTICIA: DAR BUEN FRUTO

El hombre más santo que camino la tierra fue Jesucristo. Él fue el único hombre tentado en todo al igual que nosotros, pero nunca cedió. Él vivió una vida sin pecado y nunca desobedeció a Dios (Hebreos 4:15). Jesús era completamente justo — aprobado por Dios y en posición correcta delante de Él. Su vida obediente era la demostración de un corazón rendido y que amaba completamente al Padre.

En aquellos tiempos, muchos trataron de buscar esta justicia, esta aprobación de Dios, esta buena relación con Dios haciendo buenas obras y siguiendo la ley y otras tradiciones. Pero muchas de estas personas (fariseos, saduceos, expertos y maestros de la ley) intentaron obedecer de una forma externa. Ellos honraban a Dios con los labios, pero sus corazones estaban lejos de Él (Mateo 15:8). Ellos ayunaban por lo menos dos veces a la semana y presentaban sus diezmos, pero sus corazones estaban lleno de orgullo (Lucas 18:9-14). Le dieron honor a las cosas que eran de menor importancia ante los ojos de Dios, y descuidaron las que a Dios más les importaba (Mateo 23:23). Jesús describe a estos hombres como guías ciegos (Mateo 23:24), como los vasos que están limpios por fuera pero sucios por dentro (Mateo 23:25), como tumbas blanqueadas, serpientes y víboras (Mateo 23:27, 33).

Jesús le advirtió a Sus seguidores que no imiten el comportamiento de estos (Mateo 23:3). "Porque os digo que si vuestra justicia no fuere mayor que la de los escribas y fariseos, no entraréis en el reino de los cielos" (Mateo 5:20). Pero, ¿cuál es el tipo de justicia que supera la de los fariseos y los maestros de la ley? Es una justicia que comienza en el interior en el momento de nuestra conversión y se manifiesta en el exterior a medida que avanzamos en nuestra relación con Dios.

Entiendan esto, todos los hombres han pecado contra Dios y son injustos ante Él (Romanos 3:23). Cada buena acción que logramos con el fin de ganar la aprobación de Dios y estar bien con Él, están destituidos de Sus estándares de perfección y santidad (Isaías 64:6). La única manera de estar bien con Dios es por Su gracia, mediante la fe en Jesucristo (Efesios 2:8-9). Cualquier hombre que se humilla a sí mismo y entrega su vida a Jesús encontrará la paz con Dios (Romanos 5:1). Así es como llegamos a ser justos en los ojos de Dios.

Sin embargo, estar bien con Dios es sólo el primer paso en nuestro viaje. Después debemos demostrar que verdaderamente hemos entregado nuestras vidas a Dios y que verdaderamente somos seguidores de su Hijo, Jesucristo. Hacemos esto al producir frutos que dan prueba de que nos hemos arrepentido de nuestros pecados y hemos sido perdonados (Mateo 3:8; Hechos 26:20; Filipenses 1:27). Jesús dijo que "Un árbol bueno no puede producir frutos malos, ni un árbol malo no puede dar frutos buenos. Así que por sus frutos los conoceréis" (Mateo 7:18, 20).

Pongámoslo de esta manera. ¿Cómo sabes que un manzano es un manzano? Porque produce manzanas. ¿Cómo sabes que un naranjo es un naranjo? Porque produce naranjas. Si vieras un manzano y alguien le dijera que era un naranjo, inmediatamente corregirías a la persona. "Eso no es un naranjo. Es un manzano." Podrían responder: "¿Cómo sabes que es un manzano y no un naranjo? ¿Quién te hizo juez o experto?" Y probablemente responderías:"

No tengo que ser un experto. Sé que no es un naranjo sino un manzano porque no tiene naranjas, solo tiene manzanas que cuelgan de sus ramas".

De la misma manera, ¿cómo sabes si alguien realmente ha entregado su vida a Jesús? ¿Cómo puedes saber si son verdaderos cristianos, verdaderos seguidores de Cristo que han nacido de nuevo con Su naturaleza y Su Espíritu dentro de sí mismos? Lo sabrás simplemente porque comenzarán a vivir como Él vivió y amarán como Él amó. El estilo de vida y el carácter de Jesús comenzarán a aparecer en sus vidas.

Esto no significa que la persona nunca pecará ni caerá. Incluso los árboles buenos pueden producir manzanas podridas de vez en cuando. Sin embargo, los frutos serán generalmente buenos y consistentes. De manera similar, el verdadero cristiano no vivirá en un pecado constante, impenitente y voluntario. El verdadero cristiano tendrá un estilo de vida de justicia, obediencia y amor.

Vivir un estilo de vida de obediencia, sin pecar es posible, pero primero debes tratar con el interior. Todo lo que usted hace es el resultado de lo que piensa, siente y desea hacer en su corazón (Mateo 12:34). Entonces, si quiere vivir una vida transformada, una vida que coincida con la vida de Jesús, entonces comience con purificar y proteger su corazón (Proverbios 4:23). Comience con renovar su mente (Romanos 12:2). Si quiere dar frutos que demuestren que pertenece a Jesús, entonces deje que la palabra de Dios entre en usted (Juan 15:7-8).

Renovar su mente con la palabra de Dios significa reemplazar sus viejos pensamientos con nuevos pensamientos basados en lo que dice la Biblia. Si ve las cosas de una manera y mientras lee la Biblia, se encuentra con un versículo o pasaje que le enseña algo diferente, tome una decisión voluntaria e intencional para creer, ponerse de acuerdo y aplicar lo que dice la Biblia y abandonar su propia opinión y práctica. Esto no siempre es simple, especialmente si lo que creías era una tradición importante en la familia, o era algo que le enseñaron o hizo desde que era joven. Pero es muy eficaz.

Antes de venir al Señor, como muchas personas, solía maldecir con frecuencia. Cada otra frase que hablé tenía algún tipo de mala palabra. Esto fue cierto especialmente cuando me enojaba o estaba discutiendo con alguien. También hice muchos chistes con doble sentido. Después de entregar mi vida a Cristo, leí estos dos pasajes: "Mas yo os digo que de toda palabra ociosa que hablen los hombres, de ella darán cuenta en el día del juicio" (Mateo 12:36) y

> 8 pero ningún hombre puede domar la lengua, que es un mal que no puede ser refrenado, llena de veneno mortal. 9 Con ella bendecimos al Dios y Padre, y con ella maldecimos a los hombres, que están hechos a la semejanza de Dios. 10 De una misma boca proceden bendición y maldición. Hermanos míos, esto no debe ser así. 11 ¿Acaso alguna fuente echa por una misma abertura agua dulce y amarga? 12 Hermanos míos, ¿puede acaso la higuera producir aceitunas, o la vid higos? Así también ninguna fuente puede dar agua salada y dulce. (Santiago 3:8-12)

Fue como un puñetazo en el estómago. "¡Dios me juzgará

en base a mis palabras!" Sentí mucha convicción y me invadió el temor. No sabía cómo podría abandonar una práctica tan común y de por vida. Pero no podía borrar esos versos, así que decidí ponerlos en práctica. Comencé a memorizar, repetir y citarlos regularmente hasta que se convirtió en parte de mí. Mi pensamiento cambió y ya no quería maldecir ni contar chistes sucios. Ahora, me alejo de estas cosas y trato de hablar de una manera que honre a Dios. No siempre tengo éxito, pero ese ya no es mi estilo de vida.

Al cooperar con Dios mientras Él trabaja dentro de usted, el exterior se alineará. Nunca se desanime y se dé por vencido cuando trate de caminar en la justicia como Jesús. Él nunca se dará por vencido con usted (Filipenses 1:6). Seguir sus pasos significa que necesita andar en justicia. Este es uno de los mayores signos de ser como Cristo.

Capítulo 12
SEA PERFECTO. CONVIÉRTASE EN AMOR.

Cuando se le preguntó cuál era el mayor mandamiento en la ley, Jesús señaló dos específicamente.

> [29] Jesús le respondió: El primer mandamiento de todos es: Oye, Israel; el Señor nuestro Dios, el Señor uno es. [30] Y amarás al Señor tu Dios con todo tu corazón, y con toda tu alma, y con toda tu mente y con todas tus fuerzas. Este es el principal mandamiento. [31] Y el segundo es semejante: Amarás a tu prójimo como a ti mismo. No hay otro mandamiento mayor que éstos. (Marcos 12:29-31)

El primer gran mandamiento tenía que ver con amar a Dios y el otro con amar al prójimo. Todo lo que está escrito en la palabra de Dios puede resumirse en una sola palabra: amor (Mateo 22:40; Romanos 13:8-10). En otras palabras, si podemos aprender a amar podemos cumplir literalmente todos los mandatos de Dios.

Pero que es el amor ¿Es un sentimiento o una emoción? ¿Son los elementos químicos o las hormonas en el cuerpo humano los que hacen que los seres humanos se atraigan físicamente entre sí? ¿Qué es exactamente el amor y como se ve? ¿Cómo se expresa?

Pablo define el amor en estas palabras,

> [4] El amor es sufrido, es benigno; el amor no tiene envidia, el amor no es jactancioso, no se envanece; [5] no hace nada indebido, no busca

> lo suyo, no se irrita, no guarda rencor; [6] no se goza de la injusticia, mas se goza de la verdad. [7] Todo lo sufre, todo lo cree, todo lo espera, todo lo soporta. [8] El amor nunca deja de ser; (1 Corintios 13:4-8a)

Ahora, independientemente de lo que usted crea sobre el amor, según la Biblia, notará que el amor no es simplemente un sentimiento, aunque puede contener emociones. Mire todas las descripciones del amor: es sufrido, benigno, no tiene envidia, no es jactancioso, no es arrogante, perdona, se regocija por las razones correctas; sufre, cree, espera, soporta y nunca deja de ser. El amor no es un sentimiento, es un verbo; amor es una palabra de acción.

Creo que realmente podríamos condensar o resumir todas estas descripciones bíblicas sobre el amor en una sola palabra: Jesús. En uno de sus libros, Max Lucado, en realidad recomendó hacer el siguiente ejercicio para que pudiéramos ver cómo Jesús es amor. Regrese al pasaje en 1 Corintios 13:4-8 e inserte el nombre de Jesús en todas las partes donde se describe el amor. Esto es con lo que terminarías.

> [4] *Jesús* es sufrido, es benigno; *Jesús* no tiene envidia, *Jesús* no es jactancioso, no se envanece; [5] no hace nada indebido, no busca lo suyo, no se irrita, no guarda rencor; [6] no se goza de la injusticia, mas se goza de la verdad. [7] Todo lo sufre, todo lo cree, todo lo espera, todo lo soporta. [8] *Jesús* nunca deja de ser; (1 Corintios 13:4-8a; énfasis mío)

Si queremos saber qué es el amor, qué aspecto tiene

y cómo se puede expresar, debemos mirar a Jesús.

La Biblia dice que: "Dios es amor" (1 Juan 4:8). Jesús fue y es la mayor expresión del amor. Él vino a este mundo por amor (Juan 3:16). Fue por amor y compasión que Jesús sanó, enseñó, discipuló y alimentó a las multitudes (Mateo 9:36; 14:14; 15:32; 20:34; Marcos 6:34; 8:2). Fue por amor que dio Su vida en la cruz (Juan 15:12-13). Lo que más me impactó de Su sacrificio fue que lo hizo cuando aún éramos Sus enemigos (Romanos 5:8). Hasta el día de hoy, Él nos ama y nada podrá quitarle ese amor (Romanos 8:31-39). Su amor hacia nosotros es perfecto. Nada de lo que hacemos puede hacer que Él nos ame más y nada de lo que hacemos puede hacer que Él nos ame menos.

Ahora, si vamos a ser como Cristo, entonces debemos amar como Él ama (Juan 15:12; 1 Juan 4:11-12). Estamos llamados a ser perfectos como Dios es perfecto (Mateo 5:48). Debemos amar a nuestros vecinos (Levítico 19:18; Mateo 22:39). Debemos amar a nuestros hermanos y hermanas en Cristo (1 Juan 3:16). Y lo más difícil, pero lo más importante de todo es que debemos amar a nuestros enemigos (Mateo 5:44). Mas relfejamos a Dios cuando somos capaces de amar a quienes nos odian, nos hieren, nos traicionan y no merecen ser amados. Es el camino del mundo, el camino de Satanás pagar mal por mal. Es el camino del mundo, el camino de Satanás cuidar solo de aquellos que nos gustan y nos hacen favores, y odiar a nuestros enemigos. Pero es el camino de Cristo, el camino de Dios, amar a nuestros enemigos, orar por los que nos persiguen y bendecir a los que nos maldicen (Mateo 5:43-47).

Si miráramos el contexto del mandato de Jesús de

ser perfectos, ya que Él es perfecto, veríamos que se encuentra en el contexto de amar a las personas que son diferentes a nosotros, especialmente si son nuestros enemigos. Estamos llamados a amar a todos los hombres, incluso cuando todos los hombres no nos aman. Jesus dijo,

> [43] Oísteis que fue dicho: Amarás a tu prójimo, y aborrecerás a tu enemigo. [44] Pero yo os digo: Amad a vuestros enemigos, bendecid a los que os maldicen, haced bien a los que os aborrecen, y orad por los que os ultrajan y os persiguen; [45] para que seáis hijos de vuestro Padre que está en los cielos, que hace salir su sol sobre malos y buenos, y que hace llover sobre justos e injustos. [46] Porque si amáis a los que os aman, ¿qué recompensa tendréis? ¿No hacen también lo mismo los publicanos? [47] Y si saludáis a vuestros hermanos solamente, ¿qué hacéis de más? ¿No hacen también así los gentiles? [48] *Sed, pues, vosotros perfectos, como vuestro Padre que está en los cielos es perfecto.* (Mateo 5:43-48; enfasis mío)

¿Entiendes que el amor es la mejor arma en el arsenal de un cristiano? Es asombroso tener una gran fe, mover montañas, profetizar y comprender grandes misterios, ver milagros e incluso dar su vida por los pobres. Pero sin amor, todas esas cosas carecen de significado (1 Corintios 13:1-3). El amor es la virtud más grande del mundo (1 Corintios 13:13). El amor "[7] Todo lo sufre, todo lo cree, todo lo espera, todo lo soporta. [8] El amor nunca deja de ser" (1 Corintios 13:7-8a).

¿Quieres saber si estás creciendo en amor o estás

siendo perfeccionado en el amor? Vamos a repetir el ejercicio de Max Lucado, pero esta vez inserte su nombre donde se describe el amor.

> [4]____ es sufrido, es benigno; ____ no tiene envidia, ____ no es jactancioso, no se envanece; [5] no hace nada indebido, no busca lo suyo, no se irrita, no guarda rencor; [6] no se goza de la injusticia, mas se goza de la verdad. [7] Todo lo sufre, todo lo cree, todo lo espera, todo lo soporta. [8]____ nunca deja de ser; (1 Corintios 13:4-8a)

Jesús fue la encarnación del amor. Y así, cualquier persona que tome su cruz para seguir a Jesús también debe tomar el amor. El amor le muestra al mundo que pertenecemos a Dios (Juan 13:35). El amor es el mayor imán para atraer a los incrédulos a los brazos de Dios.

Por eso le reto. Sea perfecto. Conviértase en amor. Al hacerlo, seguirás Sus pasos y llegarás a ser como Cristo.

Capítulo 13
HUMILDAD Y SERVICIO: EL CAMINO HACIA LA GRANDEZA EN EL REINO DE LOS CIELOS

Los hombres aspiran a ser grandes por cualquier medio necesario. Su propósito e intención es ser reconocido, tener a otros que le sirvan, y sentirse autorizados. Para este mundo, el poder y la autoridad significa "tener señorío sobre los demás" (Lucas 22:35). Quieren estar a cargo a cualquier costo y decirles a los demás qué hacer sin ningún tipo de cuidado para el prójimo. Esta es la actitud que algunos de los discípulos de Jesús estaban empezando a tomar.

En más de una ocasión, los discípulos discutían entre ellos sobre quién sería el más grande en el reino de Jesús. Una vez, mientras caminaban hacia Capernaum, discutieron sobre esto justo después de que Jesús les había hablado acerca de su muerte (Marcos 9:30-37). Luego llamó a un niño y lo colocó en Su regazo para ilustrar que la grandeza se realiza cuando uno se convierte en un niño.

En otra ocasión, dos de Sus discípulos lograron que su madre le pidiera a Jesús que le diera a sus hijos las dos posiciones más altas en Su reino (Mateo 20:20-28). Ella pidió que uno se sentara a Su izquierda y el otro a Su derecha. Los otros 10 discípulos estaban extremadamente enojados con esto. Puedo imaginarlos diciendo, "Hermano, ¿en serio? ¿Usaste a tu madre para pedirle a Jesús el puesto? Eso es bajo". Estoy bastante seguro de que estaban indignados, no porque fueron orgullosos o astutos en hacer tal cosa, sino porque querían esas posiciones y probablemente no pensaron en la idea de usar a su dulce mamá para ¡pregúntale a Jesús primero!

Sin embargo, una vez más, Jesús se encontró corrigiendo esta actitud en Sus discípulos.

> **25** Entonces Jesús, llamándolos, dijo: Sabéis que los gobernantes de las naciones se enseñorean de ellas, y los que son grandes ejercen sobre ellas potestad. **26** Mas entre vosotros no será así, sino que el que quiera hacerse grande entre vosotros será vuestro servidor, **27** y el que quiera ser el primero entre vosotros será vuestro siervo; **28** como el Hijo del Hombre no vino para ser servido, sino para servir, y para dar su vida en rescate por muchos. (Mateo 20:25-28)

Usted pensaría que después de corregirlos por segunda vez en este tema, los discípulos habrían entendido este punto pero no lo hicieron.

La última vez que tuvieron este argumento en realidad fue en el aposento alto mientras celebraban la Pascua. Esta fue la noche en que Jesús iba ser traicionado, arrestado y abandonado por Sus discípulos. Esta vez Jesús se hizo a Sí mismo el ejemplo.

> **2** Y cuando cenaban, como el diablo ya había puesto en el corazón de Judas Iscariote, hijo de Simón, que le entregase, **3** sabiendo Jesús que el Padre le había dado todas las cosas en las manos, y que había salido de Dios, y a Dios iba, **4** se levantó de la cena, y se quitó su manto, y tomando una toalla, se la ciñó. **5** Luego puso agua en un lebrillo, y comenzó

a lavar los pies de los discípulos, y a enjugarlos con la toalla con que estaba ceñido.

¹² Así que, después que les hubo lavado los pies, tomó su manto, volvió a la mesa, y les dijo: ¿Sabéis lo que os he hecho? ¹³ Vosotros me llamáis Maestro, y Señor; y decís bien, porque lo soy. ¹⁴ Pues si yo, el Señor y el Maestro, he lavado vuestros pies, vosotros también debéis lavaros los pies los unos a los otros. ¹⁵ Porque ejemplo os he dado, para que como yo os he hecho, vosotros también hagáis. ¹⁶ De cierto, de cierto os digo: El siervo no es mayor que su señor, ni el enviado es mayor que el que le envió. ¹⁷ Si sabéis estas cosas, bienaventurados seréis si las hiciereis. (Juan 13:2-5, 12-17)

Jesús tuvo que ilustrar literalmente la actitud y las acciones que Sus discípulos deberían tener entre sí. Los discípulos se enfocaron en la grandeza, mientras que Jesús quería que vieran que el camino hacia la grandeza es a través de la humildad y el servicio.

Jesús es la definición misma de la humildad. Se humilló a Sí mismo al dejar Su gloria y poder en el cielo y asumir las limitaciones del hombre al volverse humano (Filipenses 2:6-8). Se humilló a Sí mismo al nacer en un pesebre (Lucas 2:7). Él se humilló a Sí mismo sirviendo a las multitudes y dando Su vida por el mundo (Marcos 10:45). Y como vimos en Juan 13, incluso en la noche de Su traición, Jesús se humilló como un esclavo y lavó los pies de aquellos que lo traicionarían, lo negarían y lo abandonarían.

Con Su ejemplo, Jesús les mostró a Sus discípulos que uno no se vuelve grande tomando ventaja de los demás o diciéndoles a los demás qué hacer. Uno se convierte en grande al convertirse en esclavo, en servidor de todo. Solo cuando uno se humilla a sí mismo, puede Dios exaltarle. Esto puede parecer repulsivo para algunos. Puede parecer ilógico considerar las necesidades de los demás antes que las suya y ver a los demás como mayores que usted, pero este es el camino de Jesús, el camino del reino (Filipenses 2:3-4).

Si queremos ser como Jesús, entonces debemos encontrar maneras de ayudar, servir y dar a los demás. En el reino de Dios, los verdaderos líderes no son los que están a cargo, sino los que están dispuestos a ponerse de rodillas y "lavar los pies" de sus hermanos y hermanas. Están dispuestos a ser los últimos para que otros puedan ser los primeros. Están dispuestos a dejar al lado sus opiniones, deseos y planes para ayudar a otros cumplir el llamado de Dios para sus vidas. Están dispuestos a manchar su propia reputación e imagen si eso significa demostrar el amor de Dios.

¿Cuán bajo puedes ir? ¿Hasta qué punto estás dispuesto a doblar? ¿Cuánto estás dispuesto a renunciar? ¿Hay alguna manera en que podría comenzar a servir ahora? Tal vez sea sacando la basura en casa o ayudando a su madre con sus responsabilidades en la casa. Tal vez podría ser voluntario en su iglesia para limpiar el baño o ayudar con el ministerio de los niños o en la cocina. A veces, servir es tan simple como mantener una puerta abierta para alguien que tiene las manos llenas. Hay una película para niños que tenía esto por moral, "si ves una necesidad, llena esa necesidad". ¿Hay alguna necesidad a su alrededor? ¿Cómo podrías ayudar?

90

El Dios todopoderoso, siempre presente, omnisciente estaba dispuesto a renunciar a todo si eso significaba tenerte. No le importaba que hubiera nacido en la pobreza. No le importaba si lo criticaban por sentarse y comer con "pecadores" de la peor clase o por realizar el trabajo que pertenecía a los esclavos más bajos. Estaba dispuesto a no comer para llegar a una persona (Juan 4). Estaba dispuesto a sacrificar el sueño y Su tiempo de descanso para ministrar a las multitudes (Mateo 14). Estaba dispuesto a ser confundido con un impostor maldito y pecador al morir en una cruz entre dos ladrones si eso significaba salvar su vida.

¡Pero escucha esto! Debido a que Jesús estaba dispuesto a humillarse a Sí mismo a esa medida,

> 9 Por lo cual Dios también le exaltó hasta lo sumo, y le dio un nombre que es sobre todo nombre, 10 para que en el nombre de Jesús se doble toda rodilla de los que están en los cielos, y en la tierra, y debajo de la tierra; 11 y toda lengua confiese que Jesucristo es el Señor, para gloria de Dios Padre. (Filipenses 2:9-11)

La exaltación está del otro lado de la humildad. La grandeza está en el otro lado del servicio. La gloria está al otro lado del sacrificio.

Entonces, mi pregunta para usted es, ¿seguirás en Sus pasos? ¿Se convertirá en un cristiano? ¿Se humillará y servirás a los demás? La humildad y el servicio es el único camino a la grandeza en el reino de los cielos.

Capítulo 14
SUFRIENDO POR LA JUSTICIA

Si hay una cualidad en la vida de Jesús, que sea la más difícil de imitar, pero que a su vez ofrece la mayor recompensa si lo soporta, es sufrir por la justicia. Como seres humanos está en nuestra naturaleza evitar el dolor y buscar la comodidad o el placer. Pero las huellas de Jesús no conducen a la comodidad. Su camino es estrecho y a menudo con dificultad.

Aunque Cristo vino a bendecir, salvar y amar, también encontró persecución. No mucho después de que nació, fueron enviados hombres para matarlo (Mateo 2:13). Después de su bautismo a la edad de 30, Satanás vino a tentarlo (Mateo 4:1-11). Después de uno de los primeros sermones que predicó en Nazaret, su ciudad natal, las personas trataron de arrojarlo a un precipicio (Lucas 4:28-30). Los líderes religiosos de su tiempo lo odiaban y trataron de matarlo en varias ocasiones (Juan 5:18; 7:1; 10:32-33). En el momento de su mayor dificultad un amigo lo traicionó, otro lo negó, y los otros simplemente huyeron. ¡Él fue finalmente arrestado, golpeado, burlado, despojado de sus ropas, escupido, azotado 39 veces, y clavado los pies y manos a una cruz de madera!

A pesar de todo esto, Él nunca maldijo ni pagó mal por mal; Nunca amenazó a nadie ni cometió pecado (1 Pedro 2:22-23). Él permaneció fiel a Su naturaleza y llamado. Él amó, perdonó, e incluso oró por Sus enemigos. Jesús soportó todo esto para dejarnos con un ejemplo. "Pues para esto fuisteis llamados; porque también Cristo padeció por nosotros, dejándonos ejemplo, para que sigáis sus pisadas" (1 Pedro 2:21).

La Biblia es muy clara sobre lo que significa seguir a Jesús. Considera cuidadosamente el camino en el que usted se encuentra por ser como Él. Seremos insultados, perseguidos, cazados como animales agresivamente y acusados falsamente. Seremos vistos como malvados, con mentes cerradas, arcaicos. Ellos dirán mentiras, engañarán y manipularán a los medios de comunicación para estar en contra de nosotros. Matarán, harán daño, y humillarán a los creyentes. Esto está sucediendo en estos momentos alrededor del mundo. Ocurrirá en su vida si esta realmente tratando de ser como Él. "Y también todos los que quieren vivir piadosamente en Cristo Jesús padecerán persecución" (2 Timoteo 3:12).

Ahora, ¿de dónde vendrá esta persecución? Principalmente de 5 fuentes diferentes. El primero es Satanás. La Biblia dice que Satanás es un ladrón que viene a robar, matar y destruir (Juan 10:10). Él nos acusará ante Dios día y noche (Apocalipsis 12:10). Se opondrá y dificultará nuestros intentos de predicar el evangelio (1 Tesalonicenses 2:18). Nuestra batalla es principalmente contra Satanás y su reino demoníaco (Efesios 6:12).

La segunda fuente de nuestra persecución será nuestra propia familia y amigos. Jesús dijo: "y los enemigos del hombre serán los de su casa" (Mateo 10:36). También dijo: "²¹ El hermano entregará a la muerte al hermano, y el padre al hijo; y los hijos se levantarán contra los padres, y los harán morir. ²² Y seréis aborrecidos de todos por causa de mi nombre; mas el que persevere hasta el fin, éste será salvo" (10:21-22).

Tercero, seremos perseguidos por el mundo. "Entonces os entregarán a tribulación, y os matarán, y seréis aborrecidos de todas las gentes por causa de mi nombre" (Mateo 24:9).

> **18** Si el mundo os aborrece, sabed que a mí me ha aborrecido antes que a vosotros. **19** Si fuerais del mundo, el mundo amaría lo suyo; pero porque no sois del mundo, antes yo os elegí del mundo, por eso el mundo os aborrece. **20** Acordaos de la palabra que yo os he dicho: El siervo no es mayor que su señor. Si a mí me han perseguido, también a vosotros os perseguirán; si han guardado mi palabra, también guardarán la vuestra. **21** Mas todo esto os harán por causa de mi nombre, porque no conocen al que me ha enviado. (Juan 15:18-21)

Cuarto, la persecución también vendrá de otras religiones. "Estas cosas os he hablado, para que no tengáis tropiezo. **2** Os expulsarán de las sinagogas; y aun viene la hora cuando cualquiera que os mate, pensará que rinde servicio a Dios. **3** Y harán esto porque no conocen al Padre ni a mí" (Juan 16:1-3).

Por último, y lo más triste de todo, la persecución vendrá desde adentro de la misma iglesia. No todos los que dicen ser de Cristo, realmente lo son. Hay falsos creyentes (2 Corintios 11:26); falsos maestros, que usan el evangelio como un medio para obtener ganancias financieras (2 Pedro 2:1); falsos profetas, que son lobos vestidos de oveja (Mateo 7:15). Dentro de cada congregación hay cizaña entre el trigo que ha sido sembrada por el maligno (Mateo 13:24-30). Estas personas son "enemigos de la cruz" (Filipenses 3:18).

Pero, ¿cuál será la causa de esta persecución? ¿Por

qué le gustaría a alguien cazarnos o ser hostil hacia nosotros por nuestra fe? Es principalmente por dos razones. Primero, será por nuestra conexión con Él. "Mas todo esto os harán *por causa de mi nombre*, porque no conocen al que me ha enviado" (Juan 15:21; énfasis mío). "Bienaventurados sois cuando *por mi causa* os vituperen y os persigan, y digan toda clase de mal contra vosotros, mintiendo" (Mateo 5:11; énfasis mío).

En segundo lugar, seremos perseguidos por nuestra conexión con la justicia y la postura contra el pecado y la injusticia. Mientras vivimos para obedecer a Dios y oponernos al pecado, nuestras vidas se vuelven como sal que se vierte sobre heridas abiertas; se vuelve como una luz brillante que brilla en la oscuridad. Conservamos lo que es bueno y exponemos lo que es malo. Hemos sido llamados a predicar un evangelio que incluye la palabra "¡arrepiéntete!".

Ser un genuino discípulo de Cristo significa que sufriremos persecución. Jesús dijo que cualquiera que no esté dispuesto a levantar su cruz, negarse a sí mismo y seguirlo no puede ser Su discípulo (Lucas 14:27; 9:23).

¡Pero permítame compartir las buenas nuevas! No tenemos que temer a la muerte ni a la persecución (Mateo 10:28). Hay una bendición pronunciada sobre aquellos que sufren por Jesús: "de ellos es el reino de los cielos" (Mateo 5:10). ¡Debes regocijarte porque grande será su recompensa en el cielo! (Mateo 5:12). Sufrir por la justicia significa que podemos identificarnos con aquellos héroes de la antigüedad que se mantuvieron firmes ante que nosotros (Mateo 5:12; Hebreos 11:32-38; 12:1-2). Más que eso, al compartir los sufrimientos de Cristo tendremos una comunión más profunda con Él (Filipenses 3:10; 1 Pedro

4:14, 16). También nos garantizaremos una mejor y mayor resurrección de entre los muertos (Filipenses 3:11; 2 Timoteo 3:11-12; Hebreos 11:35; Apocalipsis 20:6). Los apóstoles entendieron esto y pudieron regocijarse en tiempos de gran dolor y persecución. "Y ellos salieron de la presencia del concilio, gozosos de haber sido tenidos por dignos de padecer afrenta por causa del Nombre" (Hechos 5:41).

No buscamos el sufrimiento ni lo deseamos, pero es una realidad que todo cristiano enfrentará. Conocer esto no hace que el dolor y el sufrimiento sean menos reales, pero nos da la esperanza de que hay más cosas reservadas para nosotros al otro lado de la eternidad. Incluso ahora, podemos disfrutar de la presencia, el amor, la paz y la alegría de Dios en medio de la persecución. Él promete estar con nosotros para siempre (Mateo 28:20).

El próximo gran paso en su jornada para llegar a ser como Él le llevará al sufrimiento por la justicia. Sufrir por la justicia es el camino de Cristo, y así el sufrimiento por la justicia es el camino de Sus seguidores. Este es uno de los distintivos de pertenecer a Cristo y seguirlo. Para llegar a ser como Cristo debes seguir Sus pasos.

DISCIPULADO:
LA VIDA Y PRÁCTICA DE
HACER DISCÍPULOS

Capítulo 15
HACER DISCÍPULOS ES UN ESTILO DE VIDA

Jesús dijo que Sus seguidores deberían ir por todo el mundo, predicando el evangelio y haciendo discípulos de todas las naciones (Mateo 28:19; Marcos 16:15). Lo primero que quiero que conozcas sobre estas palabras es que no son una sugerencia, son un mandato de nuestro Rey. Literalmente, debemos "ir", "predicar", "hacer discípulos" y "enseñarles", lo que implica acción, movimiento, dar pasos intencionales y deliberados para atraer a otros a Cristo y ayudarlos a ser más como Él.

Lo segundo que quiero que conozcas acerca de estas palabras es que no son para cristianos de élite, personas perfectas o ministros. Jesús espera que cada seguidor Suyo esté involucrado en el proceso de hacer discípulos. Esto significa usted. Esto significa yo. Esto significa el recién convertido e incluso el discípulo con más experiencia. Todos estamos llamados a encontrar maneras de compartir las buenas nuevas con los demás y luego formar relaciones intencionales con el propósito de ayudarnos a crecer en el carácter, el conocimiento y el poder de Jesucristo.

Por mucho tiempo hemos relegado el trabajo de hacer discípulos al pastor o a los líderes de la iglesia. Hemos dependido excesivamente del uso de los ministerios, actividades y programas para hacer discípulos. El problema con esto, según Greg Ogden, en su libro *Transforming Discipleship* (Discipulado que transforma), primero es que: "Los programas tienden a ser basados solos en información o el conocimiento".[15] Algunas personas asumen que cuanta más información tenga, mejor será el discípulo. Las iglesias a veces pueden asumir que "el conocimiento correcto producirá una vida correcta".[16] Si esto fuera cierto, los cristianos en el Occidente, con todas sus Biblias, conferencias, sermones, clases, libros, institutos y universidades deberían ser los más sagrados y ardientes, cristianos que el mundo jamás ha visto. Lamentablemente, en este momento, se puede decir lo contrario.

En segundo lugar, dice, "los programas son el uno preparándose para los muchos".[17] El problema con esto es que solo unos pocos realizan el arduo trabajo de preparación e inversión, mientras que otros generalmente se sientan y siguen siendo recipientes.

En tercer lugar, Ogden dice: "Los programas se caracterizan por la regulación o la sincronización".[18] El problema con esto es que "Cada individuo es único y diferente. Hacer discípulos requiere un enfoque personalizado".[19]

Finalmente, "los programas generalmente requieren poca responsabilidad personal".[20] Muchas veces, los programas se enfocan más en personas que terminan un currículoen practicar y ejercitar lo que han aprendido.

Ahora déjame decirle esto: Los programas,

---

[15] Greg Ogden, *Transforming Discipleship* (Downers Grove, Illinois: Intervarsity Press, 2003), 43. Traducción mía.

[16] Ibid, 43.

[17] Ibid, 44.

[18] Ibid, 45.

[19] Ibid, 45.

[20] Ibid, 45.

servicios, actividades, clases o ministerios no son malos siempre y cuando sirvan, y no reemplazan la dinámica relacional que se supone que está involucrada en la creación de discípulos. Hacer discípulos implica más que proporcionar información; Es más que un currículo. Implica relaciones, inversión de vida, amor y responsabilidad.

Greg Ogden define el discipulado como un "proceso que se lleva a cabo dentro de relaciones responsables durante un período de tiempo con el propósito de llevar a los creyentes a la madurez espiritual en Cristo".[21] En otras palabras, para que seamos discípulos, debemos estar en relación con otras personas. Pero estas relaciones deben tener un objetivo, un propósito. No es solo para el compañerismo y pasar tiempo junto. Ese propósito u objetivo debe ser el ayudarse mutuamente a alcanzar la "madurez espiritual en Cristo".

Otra faceta en la definición de discipulado de Ogden es la *responsabilidad*. Esto significa una disposición a ser abiertos en cuanto a nuestros fracasos y pecados. Esto significa estar dispuesto a escuchar la corrección y ser desafiado a adaptar nuestras vidas a Jesús y Sus palabras. El rendir cuentas el uno al otro implica confianza, transparencia, honestidad, amor, ánimo y consuelo. Ogden recomienda que haya incluso un contrato que establezca el propósito y las expectativas de esta relación, para que todos se responsabilicen por su comportamiento y estilo de vida.

Ahora, para lograr esto, debemos estar dispuestos a pasar tiempo con aquellos a quienes estamos discipulando. El discipulado es un proceso. Debemos estar dispuestos a

---

[21] Ibid, 54.

sacrificarnos, o mejor dicho, invertir nuestro tiempo en otras personas. Hacer discípulos no se trata de vernos en la iglesia una vez a la semana, sino de caminar lado a lado, y vivir conectado el uno con el otro. Debemos estar dispuestos a reunirnos con estas personas fuera del servicio de la iglesia. Deberíamos cuidarnos los unos a los otros, ayudarnos con las cargas, hablar y orar los unos por los otros.

Es importante que se vea a sí mismo como un discípulo que hará discípulos. Y hacer discípulos no consiste en completar un programa o terminar un plan de estudios. El discipulado es un estilo de vida. Hacer discípulos debe ser su estilo de vida. Hasta que se sienta preparado para liderar a otros, sométase a un líder o grupo de personas que lo puedan ayudar a ser responsable y estará dispuesto a caminar con usted hasta que sea lo suficientemente maduro o fuerte para liderar y discipular a otros. Los grandes seguidores se convierten en grandes líderes. Pero no se quede siendo un seguidor. Haga el hacer discípulos un estilo de vida. Porque es una parte de la "Gran Comisión" de Jesús, no la "Gran Sugerencia".

Capítulo 16
EL DISCIPULADO ENTRE UNA COMUNIDAD

Se ha convertido en una moda en muchos lugares que las personas se llamen cristianos y, a la vez no querer ser parte de ninguna iglesia local. Estas personas dicen cosas como: "No tengo que ir a la iglesia para creer en Dios" o "Puedo adorar a Dios desde mi casa". Muchas veces, los que hablan de esta manera han sido lastimados por alguien en una iglesia o tienen tendencias rebeldes. Otros buscan el lugar "perfecto" para adorar.

Quiero decir esto claramente: usted no puede convertirse en un cristiano completamente maduro sin la iglesia. Es importante que si usted o alguien a quien está discipulando quiera madurar y crecer en este camino con Cristo, debe ser parte de un cuerpo local de creyentes. Terry Wardle, en su libro *Outrageous Love, Transforming Power* (Amor escandaloso, poder transformador), dice:

> Los cristianos que están preocupados por ser como Jesús, deben saber esto: hay algunos aspectos de la madurez espiritual que solo pueden desarrollarse dentro de una amorosa comunidad cristiana... Una persona que dice ser un seguidor de Cristo es por naturaleza una persona comprometida a la comunidad. Por supuesto, ese compromiso puede necesitar ser desarrollado. Pero el cristianismo tiene que ver con un pueblo

unido bajo el Señorío de Jesucristo.[22]

En otras palabras, si queremos a Cristo, tenemos que aceptar cada parte de Él, lo cual incluye a Su familia. Es solo en el contexto de Su familia y comunidad que realmente creceremos y maduraremos como discípulos.

Vivir como cristianos "solitarios o aislados" es la razón por la que muchas personas no duran en este caminar. Y aquellos que duran, por lo general, no maduran en muchas áreas de su caminar cristiano, especialmente cuando se trata de relaciones. Formar una disciplina de reunirse o congregarse es necesario. Como alguien me dijo una vez, "los depredadores les gusta ir tras una presa que ha sido separada de su rebaño".

¿Qué es la iglesia?

La palabra que usamos para "iglesia" proviene de la palabra griega "ekklesia", que literalmente se refiere a una asamblea de personas. En el Nuevo Testamento, la palabra "iglesia" se puede ver, principalmente, de dos maneras diferentes:

1. Todos los creyentes en Cristo en todo tiempo y lugar (iglesia católica[23] o universal)

2. Grupo específico de creyentes juntos en un lugar determinado (iglesia local o congregación)

---

[22] Terry Wardle, *Outrageous Love, Transforming Power* (Siloam Springs, Arkansas: Leafwood Publishers, 2004), 62 and 63. Título y cita, traducción mía.
[23] Con "católico" no me refiero a la denominación conocida como la Iglesia Católica Romana, sino católico significa universal.

Entonces, esto significa que cuando hablamos de la "iglesia" no nos estamos refiriendo a un edificio, o cuatro paredes, o una denominación específica. Mas bien, estamos hablando de un organismo vivo, un cuerpo de creyentes que tienen el único propósito y objetivo de ser como Su maestro. Millard Erickson hace una observación aguda de la iglesia cuando dice que "la iglesia es la continuación de la presencia y el ministerio del Señor en el mundo". [24]

La necesidad de congregarse en una iglesia local

Al convertirse, fuiste parte del cuerpo universal de Cristo, pero también debes buscar una iglesia local donde pueda reunirse con otros creyentes. Debemos formar una disciplina para reunirnos como iglesia de la misma manera que nos disciplinamos a orar, leer, ayunar, adorar, dar y evangelizar. Cuando nos congregamos somos:

1. Obedientes a la Biblia

Hebreos 10:25 dice: "no dejando de congregarnos, como algunos tienen por costumbre, sino exhortándonos; y tanto más, cuanto veis que aquel día se acerca". Observe en este verso, en primer lugar, que no debemos dejar de "congregarnos". Esto no se refiere a pequeñas reuniones informales de compañerismo, sino a la reunión oficial como una iglesia.

Segundo, observe que hay muchos que, incluso en esos días, tienen la "costumbre" de hacerlo. La costumbre

---

[24] Millard Erickson, *Introducing Christian Doctrine* (Grand Rapids, Michigan: Baker Academic, 2001), 345. Traducción mía.

es una práctica regular. Es algo que se adquiere por repetición. Es una norma no una excepción. Habrá días en los que no podrás ir a la iglesia, pero no debes dejar que eso se convierta en un hábito. Si permites que esto se vuelva repetitivo, a veces los hábitos se convierten en una segunda naturaleza; se vuelven tan normales para nosotros que ni siquiera nos damos cuenta de cuándo lo estamos haciendo. Hay algunos creyentes que faltan a la iglesia habitualmente y no les pesa nada que falten un servicio dominical aquí, un estudio Bíblico allí, una reunión de oración aquí y una sesión de un grupo pequeño allí.

Tercero, observe que debemos reunirnos "tanto más". A medida que "el día" para el regreso de Jesús se acerca, debemos congregarnos *más*, no menos. Estamos tan enamorados de este mundo y de nuestros placeres terrenales que no queremos más iglesia, queremos menos. Queremos que nuestros servicios dominicales duren una o dos horas y no más. Muchas iglesias ya no tienen reuniones de oración durante la semana. No es de extrañar que no tengamos avivamiento. El Espíritu Santo no se someterá a nuestro tiempo y conveniencia. Debemos someternos a la de Él.

Entonces, como podemos ver en este versículo, es incorrecto no congregarse o ser parte de una iglesia local. Por supuesto, hay excepciones, las cuales no voy a explorar ahora, pero como norma general, todo creyente necesita congregarse regularmente en una iglesia local.

2. Bendecidos y bendecimos.

1 Corintios 12:27 dice: "Vosotros, pues, sois el

cuerpo de Cristo, y miembros cada uno en particular". Cada parte del cuerpo humano es necesaria e importante. Cada parte tiene una función y un propósito. Cuando falta alguna parte del cuerpo o le duele, todo el cuerpo sufre. De la misma manera, cada creyente es una parte del cuerpo de Jesús. Cada persona, incluyendo usted o la persona a la que está discipulando, tiene una función, un propósito, un papel específico que cumplir. Cuando no cumple su parte, todo el cuerpo sufre. Cuando está cumpliendo su propósito, todo el cuerpo es edificado. No me importa lo pequeño o insignificante que se sienta o se vea a sí mismo. ¡Usted hace una diferencia!

No solo puedes ser una bendición para otros, sino que otros pueden ser una bendición para usted. De la misma manera que sus dones, talentos y servicios ayudan a los demás, los dones de otros harán lo mismo por usted. Crecemos cuando nos servimos los unos a los otros. De hecho, Dios ha dado ciertos dones o ministerios a la iglesia "[12] a fin de perfeccionar a los santos para la obra del ministerio, para la edificación del cuerpo de Cristo, [13] hasta que todos lleguemos a la unidad de la fe y del conocimiento del Hijo de Dios, a un varón perfecto, a la medida de la estatura de la plenitud de Cristo (Efesios 4:12-13).

Incluso las cosas más pequeñas que hacemos unos por otros son importantes. No tenemos que tener posiciones de liderazgo para bendecir a otros o ser bendecidos. No podría contarle las innumerables veces en que el abrazo, la sonrisa o la palabra de aliento de alguien levantó mi espíritu y me inspiró a hacer cosas mayores para Dios. ¡Este libro es un ejemplo de esto! También he podido ayudar a otros a través de mis donaciones, enseñanzas, oraciones o servicios. Todo lo que hacemos unos por otros nos acerca más a ser como Jesús (Hebreos 10:24).

3. ¡Declarándole al mundo que Jesús es real!

Juan 17:21 dice: "para que todos sean uno; como tú, oh Padre, en mí, y yo en ti, que también ellos sean uno en nosotros; para que el mundo crea que tú me enviaste". Nuestra unidad grita al mundo: "¡Jesús es real y es asombroso!". Piensa, ¿qué otra cosa podría hacer que los enemigos se perdonen y se amen unos a otros? ¿Qué más podría reunir a personas de diferentes orígenes, edades, géneros, razas y colores? ¿No es Su sangre? ¿No es Su espíritu? ¿No es la salvación común que compartimos?

Cuando nos congregamos, le decimos al mundo: "Realmente creo en Cristo, Él hace una diferencia, no solo en lo que creo, sino en cómo vivo". Lo contrario también es cierto. Cuando no nos congregamos, cuando no nos importa reunirnos con otros creyentes, estamos diciendo: "Esto es solo algo religioso para mí. Cristo realmente no hace una diferencia. Él no es tan importante para mí". Y, por supuesto, esto no se trata solo de reunirnos religiosamente, sino de reunirnos en amor y unidad que le predica al mundo que Jesús verdaderamente es enviado por Dios.

4. Afilados

Proverbios 27:17 dice, como "Hierro con hierro se aguza; Y así el hombre aguza el rostro de su amigo". Al entrar en contacto con otros creyentes, tendremos que tratar con diferentes personajes, personalidades y situaciones que nos ayudarán a probarnos y moldearnos. He escuchado a muchas personas decir: "La iglesia es como un hospital". Esto significa que no todos en la iglesia están en el mismo nivel de madurez espiritual o emocional. Esto a veces puede causar conflicto o fricción. La forma en que manejemos o respondamos a estas situaciones nos ayudará a desarrollar y poner en práctica el fruto del Espíritu. Especialmente los frutos del amor, la paciencia, la mansedumbre y el domino propio.

Pero esta no es la única forma en que somos afilados. Cuando nos sentemos bajo la enseñanza de la Palabra de Dios, seremos instruidos, desafiados, reprendidos y corregidos para ser entrenados para vivir rectamente y trabajar por el reino de Dios (2 Timoteo 3:16-17). También aprenderemos cómo vivir en sumisión a la autoridad, a medida que obedecemos y seguimos las enseñanzas y ejemplos de los ancianos y líderes de la iglesia. Esto ayudará a moldear las áreas de humildad y fidelidad en nuestras vidas.

Ser afilado no siempre es divertido o emocionante. Pero siempre es productivo y edificante si nos dejamos moldear.

Encontrar una iglesia saludable

No hay una iglesia perfecta en ninguna parte del mundo. Pero hay iglesias sanas y prósperas. Como ya hemos mencionado, si usted o la persona a la que está discipulando van a crecer y madurar, es importante encontrar un lugar a la que puedan llamar su iglesia propia.

Este debe ser el lugar donde puede asistir regularmente y aprender a ser mejores discípulos de Cristo.

Pero, ¿cómo encuentras una iglesia saludable o una iglesia que sea adecuada para usted? Esto es algo que me han preguntado en muchas ocasiones. Permiteme compartir algunas de las cualidades generales que una iglesia saludable debería tener, por lo que sería ideal para usted echar raíces allí. Esta no es una lista exhaustiva, pero definitivamente debería apuntarle en la dirección correcta.

1. Una iglesia sana es una iglesia ortodoxa.

"Ortodoxo" se compone de dos palabras griegas, "orto" y "doxa". *Orto* puede significar derecho o correcto, y *doxa* puede significar opinión. Cuando se usa en referencia al cristianismo "ortodoxo" se refiere a enseñanzas o creencias correctas, o aceptadas. Esto significa que cualquier iglesia a la que asista debe tener o creer en las enseñanzas correctas o aceptadas de la fe cristiana. Por supuesto, cada iglesia diferirá en ciertos temas, pero las doctrinas y creencias principales de esa iglesia deben ser ortodoxas. Los cristianos pueden estar en desacuerdo en temas secundarios,[25] pero deben estar de acuerdo en los temas fundamentales.

Los temas principales en las que los cristianos están de acuerdo, cual hacen que una iglesia sea ortodoxa, tiene que ver con quién es Dios y las cosas que Él ha hecho y

---

[25] Temas secundarios son cosas como: ¿el rapto ocurre antes, en el medio o después de la tribulación? ¿Qué es el bautismo del Espíritu Santo y cuál es la evidencia de que ha ocurrido?

hará. Estas creencias fundamentales se resumen en lo que se conoce como el *Credo de los Apóstoles*.[26] El credo dice lo siguiente:

> **Creo en Dios Padre, Todopoderoso,**
> **Creador del cielo y de la tierra;**
> **Y en Jesucristo, su Hijo unigénito, nuestro Señor;**
> **Quien fue concebido por el Espíritu Santo, nacido de la Virgen María;**
> **Sufrió bajo Poncio Pilato; Fue crucificado, muerto y sepultado;**
> **Él descendió al hades;**
> **Al tercer día resucitó de entre los muertos;**
> **Ascendió al cielo y está sentado a la diestra de Dios Padre Todopoderoso;**
> **De allí vendrá a juzgar a los vivos y a los muertos;**
> **Yo creo en el Espíritu Santo;**
> **Yo creo en la santa iglesia católica;**[27]
> **la comunión de los santos;**
> **El perdón de los pecados;**
> **La resurrección del cuerpo;**
> **Y la vida eterna. Amén.**

Una iglesia que no mantiene estas creencias no sería considerada ortodoxa. No guarda los valores centrales y

---

[26] Se le llama el Credo de los Apóstoles, no porque los apóstoles lo crearon o lo escribieron, sino porque resume las doctrinas que enseñaron y pasaron a la siguiente generación de creyentes.

[27] Note que esto es "católico" con una "c" minúscula y no una "C" mayúscula. Cuando está en minúscula significa universal, cuando está en mayúsculas se refiere a la Iglesia Católica Romana.

tradicionales de la fe cristiana y, por lo tanto, debe evitarse.

2. Una iglesia sana es una iglesia bíblica.

Una iglesia bíblica es una iglesia que, antes que nada, cree que la Biblia es la Palabra de Dios: inspirada, infalible y autoritativa. Por *inspirado* quiero decir que la Biblia viene de Dios y que aunque fue escrito por hombres, el Espíritu Santo guió a cada uno de ellos a escribir lo que escribieron. [28] Por *inerrante* quiero decir que como la Biblia viene de Dios, no contiene errores. Es perfecto y verdadero sin fallas. Y si la Biblia proviene de Dios y no tiene errores o fallas, entonces debe ser *autoritativa*. Por autoritativa me refiero a que todo lo que hacemos y creemos debe caer en línea con lo que dice la Biblia. Debemos medir todo por la Palabra de Dios. Mi vida debe estar sometida a la Palabra de Dios.

En segundo lugar, una iglesia bíblica es una iglesia que predica la Biblia. Literalmente enseña y proclama las verdades que se encuentran en las Escrituras lo mejor le sea posible, sin torcerlas, pervertirlas o malinterpretarlas. En nuestros días, hay muchas personas que predican sus tradiciones y opiniones en lugar de la Palabra de Dios. La tradición es importante y también lo son nuestras opiniones, pero debemos someter cualquier tradición, opinión, visión o experiencia a la Palabra.

3. Una iglesia saludable es una iglesia empoderada y guiada por el Espíritu

Aunque esto puede sonar duro, religioso o de mente

---

[28] Vea 2 Timoteo 3:16-17 y 2 Pedro 1:19-21.

cerrada, estoy convencido de que una iglesia que no deja espacio para que el Espíritu Santo guíe y empodere a los creyentes es una iglesia muerta. Estoy consciente de las muchas ramas del cristianismo y denominaciones que tienen sus propias formas de liturgia (estilos de adoración y orden en un servicio). Pero muchas veces nuestras estructuras rígidas y nuestro compromiso con la adoración tradicional por el bien de mantener el "orden" han apagado y contristado al Espíritu de Dios.

En el occidente hemos elevado el uso de la razón y el intelecto a tal grado que rechazamos el movimiento espontáneo del Espíritu de Dios. Cualquier cosa que se parezca a la pasión, el entusiasmo o demasiado emocional se ha vuelto peligrosa y amenazadora. Yo llamo esto religión centrada en el hombre. Yo llamo esto religión controlado por el hombre.

Pero déjeme decirle que Dios no puede ser puesto en una caja. Él no puede ser controlado ni puede ser manipulado. Desde su inicio, la iglesia ha sido un cuerpo de creyentes que está empoderado por el Espíritu de Dios y dirigido por este mismo Espíritu. Él toca a la gente hoy. Él le habla a la gente hoy. Esto no se ha detenido. Y cualquier iglesia que prohíba Su libertad a moverse y ministrar como Él elige es una iglesia poco saludable.[29]

---

[29] Con esto no estoy sugiriendo que las iglesias con estilos tradicionales de adoración o liturgia estructurada no puedan ser empoderadas o dirigidas por el Espíritu. Tampoco estoy sugiriendo que solo las iglesias pentecostales o carismáticas tengan el poder o la dirección del Espíritu. De hecho, en ambos casos los hombres posiblemente pueden controlar y manipular las emociones o la voluntad de las personas. Lo que estoy diciendo es que cualquier iglesia

4. Una iglesia sana es una iglesia amorosa.

Pablo dijo:

> [1] Si yo hablase lenguas humanas y angélicas, y no tengo amor, vengo a ser como metal que resuena, o címbalo que retiñe. [2] Y si tuviese profecía, y entendiese todos los misterios y toda ciencia, y si tuviese toda la fe, de tal manera que trasladase los montes, y no tengo amor, nada soy. [3] Y si repartiese todos mis bienes para dar de comer a los pobres, y si entregase mi cuerpo para ser quemado, y no tengo amor, de nada me sirve. (1 Corintios 13:1-3)

Lo que esto significa es que aún siendo una iglesia usada grandemente por Dios en formas sobrenaturales, si no tiene amor, es una iglesia enfermiza. Usted quiere estar en un lugar donde los hermanos y hermanas se amen, se cuiden entre sí y no se ataquen o chismeen entre ellos, sino que son conocidos por servirse y animarse mutuamente.

5. Una iglesia sana es una iglesia que ora.

Es posible que una iglesia sea extremadamente organizada, tenga muchos programas, se involucre con la comunidad y sea una iglesia seca. Este punto se conecta con el punto tres, pero quiero enfatizar la necesidad de que cada iglesia sea una iglesia de oración. Las Escrituras incluso mencionan que la casa de Dios debe ser una casa de oración

---

que no le da libertad al Espíritu Santo para capacitar, tocar, guiar o dirigir a la gente como Él desea es una iglesia anormal según la Biblia.

(Isaías 56:7; Mateo 21:13). Cada iglesia debe creer en el poder de la oración y practicarla. Una iglesia saludable será una iglesia que ora para buscar la dirección de Dios y ora para que Dios intervenga en los asuntos diarios de sus miembros y de la comunidad.

Cuando hablo de una iglesia de oración, no me refiero a oraciones secas de un minuto relacionadas con un programa o servicio. Quiero decir que tiempo se toma antes de un servicio, durante un servicio o después de un servicio para la oración. O posiblemente se separe todo un segmento de tiempo durante la semana para la oración. Además de lo que se hace como congregación, una iglesia de oración animará a sus miembros a orar en secreto. Un púlpito lleno de oración producirá unas bancas llenas de oración.

6. Una iglesia sana es una iglesia evangelizadora.

Es muy simple. Una iglesia que no evangeliza morirá. Jesús nos dijo que fuéramos a todo el mundo y que predicáramos el evangelio, haciendo discípulos de todas las naciones. Una iglesia que no evangeliza es una iglesia que no se preocupa por la Gran Comisión. Una iglesia que no evangeliza es una iglesia que no se preocupa por las almas. Una iglesia que no evangeliza eventualmente comenzará a disminuir en número y cerrará. Para que una iglesia permanezca saludable, debe infundir continuamente a su cuerpo una nueva vida que viene en gran medida a través de ganar las almas. Cuando una iglesia deja de alcanzar a los incrédulos, pierde su pasión, pierde su fuego, pierde su visión y propósito y eventualmente perderá su alma.

Involucrarse

Si quieres crecer como discípulo o ayudar a que alguien más crezca en semejanza a Cristo, debes encontrar una iglesia local saludable. Usted descubre esto haciendo preguntas y observando para ver si la iglesia es ortodoxa, bíblica, empoderada y guiada por el Espíritu, amorosa, llena de oración y evangelizadora.

No tiene que comprometerse a convertirse en miembro inmediatamente, pero una vez que ha orado y tenga paz acerca de su decisión, debe buscar involucrarse en la vida de la iglesia. No le servirá de nada ser un espectador y mirar desde afuera. Como muchos han dicho, si se para en un garaje, no se convertirá en un automóvil. De la misma manera, solo porque asistes a los servicios en una iglesia no le hará más como Cristo. Debe participar, debe ensuciarse las manos, conectarse con las personas, servir de la manera que pueda. Si eres fiel en las cosas pequeñas, Dios le dará gracia y le dará más oportunidades para crecer y ayudar a los demás.

Está bien si la iglesia no es perfecta. Está bien si la iglesia tiene diferencias o no proporciona todo lo que está buscando. Es posible que usted no esté de acuerdo con cada decisión o con la forma en que está organizada. Pero si tiene esas seis cualidades principales que he mencionado, posiblemente sea un lugar saludable para que usted crezca o discipule a otros. No se convierta en un saltador de iglesias. No sigas siendo un espectador religioso. Participe, intégrese y Dios lo guiará y lo ayudará a convertirse en una bendición para los demás.

Capítulo 17
EL PODER DE LOS GRUPOS PEQUEÑOS

Vivimos en un día de superestrellas y mega iglesias. Queremos que todo sea grandioso. En nuestra mente, cuanto más grande mejor; Y cuanto más tenemos más felices somos. Sin embargo, en el reino, la grandeza proviene de la humildad y el fruto abundante de una semilla de mostaza. Cuando se trata del discipulado, menos es más.

Cuando Jesús decidió establecer Su reino, no pasó la mayor parte de Su tiempo discipulando a las multitudes. Por lo contrario, invirtió tres años y medio de Su vida en 12 hombres. Los conocemos como los doce Apóstoles. Él enseñó a las multitudes en parábolas, pero compartió los secretos del reino con los 12. Él ministró y sanó a las multitudes, sin embargo, empodero a los 12 con la misma autoridad que ejerció.

Aunque Jesús quería salvar a un mundo de personas perdidas, invirtió Su vida en un pequeño grupo de hombres que a su vez alcanzarían al mundo. Al invertir en unos pocos, Él multiplicó Su propia vida, ministerio, enseñanzas y poder en los hombres que discipuló. La estrategia de ministerio de Jesús nos enseña acerca del valor y el poder de los grupos pequeños.

Ventajas de los grupos pequeños

No hay nada de malo en querer que una iglesia o un ministerio crezca numéricamente, o que multitudes se vuelvan a Cristo. El problema surge cuando se ve a las multitudes como *números* en lugar de *personas* que necesitan crecer en su relación con Jesús. Y para que el crecimiento en Cristo suceda, hay ingredientes esenciales que deben existir. Estos ingredientes o cualidades son difíciles de encontrar cuando una persona es meramente un número entre la multitud. Estos ingredientes incluyen: instrucción personalizada, relaciones íntimas, y disciplina y responsabilidad.

1. Instrucción personalizada.

Henry Ford, el fundador de la compañía de automóviles Ford, creó un automóvil estándar que era económico para personas de diferentes niveles socioeconómicos. Lo hizo construyendo autos a través de una línea de ensamblaje . Cada auto pasaría por el mismo proceso y obtendría las mismas partes. Esto permitió que muchos autos fueran producidos a bajo costo.

Muchas veces tratamos el proceso de hacer discípulos como una línea de ensamblaje. Hacemos que todos (sin importar la edad, el género, el nivel educativo o la experiencia de la persona) pasen por las mismas clases y programas y creemos que al final debe crear un cristiano maduro. Es de bajo costo y puede trabajar en un gran número de personas a la vez. Sin embargo, al final, notamos que el producto (el discípulo) no siempre sale con alta calidad.

Tal vez deberíamos dejar de tratar a la Gran Comisión como una línea de ensamblaje y más como un pequeño jardín donde cada flor o árbol es atendido personalmente. Podemos adaptar nuestro ministerio para que se ajuste a las necesidades y el trasfondo de cada individuo. Esto es algo que puede suceder en un grupo pequeño.

Con menos personas, podemos instruir, enseñar, aconsejar y capacitar a cada persona en un nivel individual. Cualquier maestro le dirá que es más fácil enseñar una clase de 10 que una clase de 40. La enseñanza se vuelve más personal. El alumno puede hacer más preguntas, el profesor puede invertir más tiempo. Esto me lleva a la segunda ventaja de un grupo pequeño.

2. Relaciones íntimas.

Enseñar no es el único ingrediente necesario para ayudar a alguien a madurar en su caminar con Cristo. La gente necesita amistad. Necesitan saber que son importantes y que a alguien le importa lo suficiente como para invertir tiempo en ellos. Necesitan un oído atento y un hombro para llorar cuando las cosas son difíciles. Necesitan a alguien con quien puedan pasar el rato y divertirse. Necesitan un consejo sabio y alguien que esté dispuesto a tomar tiempo fuera de su horario solo para estar con ellos.

¿Te das cuenta de que Jesús literalmente comió, durmió, habló, rió, aconsejó y vivió con Sus 12 discípulos todos los días y todas las noches durante tres años y medio? Incluso entre ese pequeño grupo había tres a quienes Él permitió que entraran en Su círculo más íntimo. Pedro, Santiago y Juan pudieron ver a Jesús transfigurado (Mateo 17, Marcos 9, Lucas 9), resucitar a una niña de entre los muertos (Marcos 5) y agonizar en oración en el Jardín de Getsemaní (Mateo 26, Marcos 14, Lucas 22).

No estoy diciendo que para discipular a una persona debe abandonar a todo (y todos) y vivir con esa persona las 24 horas del día y los siete días de la semana. Mas bien, estoy diciendo que el crecimiento en Cristo viene a través de personas que invierten sus vidas y crean relaciones íntimas. Esto es difícil de hacer en grupos grandes.

3. Disciplina y responsabilidad.

Una relación de discipulado dentro de un grupo pequeño no es una amistad sin objetivos. Estas relaciones se forman alrededor del objetivo de crecer en semejanza a Cristo. Esto significa que debe existir reglas, estructura y disciplina. Cada persona en el grupo debe vivir en sumisión a Cristo y también entre el uno y el otro. Efesios 5:21 dice: "Someteos unos a otros en el temor de Dios". En otras palabras, aquellos dentro de un grupo pequeño deben ser responsables por cómo viven y las decisiones que toman.

Como cristianos, estamos llamados a vivir vidas santas en obediencia al Señor Jesucristo. Cuando alguien está practicando el pecado, es apropiado y amoroso confrontar, corregir y aconsejar a esa persona. Por supuesto, esto se debe hacer con amabilidad y respeto, recordando que queremos tratar a los demás como nos gustaría que nos traten (Mateo 7:12).

Aunque todos rendiremos cuentas a Dios individualmente por nuestras vidas, en esta vida somos los guardianes de nuestro hermano (Génesis 4:9). Deberíamos llevar la carga uno del otro. "[1] Hermanos, si alguno fuere sorprendido en alguna falta, vosotros que sois espirituales, restauradle con espíritu de mansedumbre, considerándote a ti mismo, no sea que tú también seas tentado. ² Sobrellevad los unos las cargas de los otros, y cumplid así la ley de Cristo" (Gálatas 6:1-2).

La instrucción personalizada, las relaciones íntimas, la disciplina y la responsabilidad son muy difíciles de experimentar o hacer en un gran grupo de personas. Pero dentro de un grupo pequeño, puede tener lugar un discipulado saludable y las personas pueden crecer en madurez espiritualmente.

Nuestra estructura de grupos pequeños

Por lo que puedo recordar, he tenido el deseo de ver a mi iglesia incorporar grupos pequeños en su estructura. Me he beneficiado personalmente de las relaciones que incluían estos ingredientes, y creí que sería una bendición para más personas si la iglesia se involucrara en conjunto.

Leí muchos libros sobre el tema[30] y cada uno ayudó a contribuir a la estructura de grupos pequeños que ahora uso en mi iglesia. La estructura general de nuestros grupos pequeños se basa en la reunión de clase de Juan Wesley. Juan Wesley es considerado un experto en el campo de los grupos pequeños. La esencia de sus reuniones de clase tenía que ver con el corazón. Cada persona en el grupo pequeño respondía a preguntas sobre su caminar con Dios. Por ejemplo, "¿cómo prospera tu alma?" En otras palabras,

---

[30] Aunque hay muchos libros y materiales para instruir a las personas sobre el tema de los grupos pequeños, quiero recomendar lo siguiente: *The Class Meeting* por Kevin M. Watson; *Discipulado que transforma* por Greg Ogden; *8 Hábitos De Los Líderes Eficaces De Grupos Pequeños* por Dave Earley; *El Libro Más Completo Del Discipulado* por Bill Hull; y *Creating Community* por Andy Stanley y Bill Willits.

¿cómo esta tu vida con Dios?

Estas preguntas ayudaban a cada persona rendir cuentas de cómo vivían. Según sus respuestas, recibirían ánimo, apoyo, oración o corrección. Permitía que los líderes ministrasen a los corazones de cada cristiano y no solo a sus mentes.

En nuestra iglesia, las personas se dividen en grupos de no más de 10 o 12. Estos grupos pueden reunirse en diferentes hogares o en la iglesia por un período de tiempo designado. A cada grupo se le otorga un contrato que estipula las reglas y expectativas del grupo y de cada miembro. Aunque cada semana, las actividades que se realizan en el grupo pueden variar, lo más destacado de los grupos son los momentos en que pueden compartir sus corazones y luego orar y ministrarse unos a otros.

Por la gracia de Dios, estos grupos se han convertido en una gran bendición. Las personas han sido tocadas y ministradas grandemente. Hay personas que consideré como enemigos o un peligro para mi ministerio y para la iglesia, pero después de implementar este método particular de grupos pequeños se han convertido en algunos de mis más grandes apoyadores y trabajadores en la iglesia. La transformación y madurez que ha tenido lugar en muchos de los miembros ha sido enorme.

Creando una estructura de grupos pequeños para usted

Si desea crear una cultura de grupos pequeños en su iglesia o participar en una, lo primero que recomendaría es informarse. No puede hacer algo de lo que no tiene conocimiento. Lea libros, asista a conferencias y hable con otras personas que tengan experiencia con grupos pequeños. Averigüe los pros y los contras, las ventajas y desventajas, las bendiciones y dificultades, e incluso los diferentes tipos de grupos pequeños.

Segundo, diría que hable con su pastor o líderes sobre este tema. Los grupos pequeños deben ser una bendición. No debe implementar nada que pueda ir en contra de su pastor o la visión de su iglesia. Si le dan luz verde, continúe con el siguiente paso. Si dicen que no, no se rebelen ni hablen en contra de sus líderes. Ora, continúa creciendo personalmente y espera una mejor oportunidad. Algunas iglesias han tenido experiencias negativas con grupos pequeños y pueden ser un poco resistentes a la idea. Pero si presentas la idea con humildad, con suficiente información y mucha oración, Dios puede tocar sus corazones.

Tercero, debe orar para que Dios le ayude a elegir qué tipo de grupo pequeño desarrollar y con qué personas quiere conectarse. Es importante tener en claro las reglas y expectativas del grupo cuando le pida a alguien que forme parte de él. Además, debido a que estas personas se conectarán con usted y entre sí durante un período de tiempo prolongado, es importante que Dios haya estado involucrado en el proceso de principio a fin.

No tengas miedo de la dinámica de formar estos grupos. No importa cuán informado o lleno de experiencia esté, es posible que surjan dificultades. Pero puede minimizarlos y aprender formas de manejarlos de una manera saludable. Si su intención y el deseo de aquellos en su grupo pequeño es madurar espiritualmente y ser más como Jesús, Dios lo ayudará a navegar a través de las incertidumbres.

Capítulo 18
HACER DISCÍPULOS DE TODAS LAS NACIONES

En la Biblia, hay muchos símbolos que se usan para describir a los creyentes. Los cristianos son descritos como miembros del cuerpo de Cristo (1 Corintios 12:27), piedras vivas (1 Pedro 2:5), templos del Espíritu Santo (1 Corintios 6:19), ramas de la vid verdadera (Juan 15:5), y ovejas del Buen Pastor (Juan 10). Pero hay dos símbolos que impactan grandemente cómo podemos cumplir la Gran Comisión y discipular a las naciones. Esos son los símbolos de la sal y la luz.

Somos la sal de la tierra y la luz del mundo.

En Mateo 5:13-16, los creyentes son descritos como la "sal de la tierra" y la "luz del mundo". Ambos símbolos representa las diferentes maneras en que influenciamos el mundo para Cristo. Juntos, estos dos elementos describirán cómo debemos impactar a nuestro mundo.

La sal de la tierra

En los días de Jesús, la sal se usaba de diferentes maneras. Una de las formas en que se usaba la sal era como condimento, que es una sustancia que se usa para agregar sabor a los alimentos. Pero, la sal también fue utilizada como preservativo. Los refrigeradores no fueron inventados hasta el siglo XIX. Entonces, cuando la gente en el tiempo de Jesús quería preservar una carne, el pescado o el cordero, usaban sal. Las propiedades de la sal ayudaban a evitar que la carne se echara a perder.

Entonces, cuando Jesús dice que somos sal, está diciendo que somos un pueblo que le da sabor y vida a este mundo, pero incluso más que eso: evitamos que este mundo se descomponga, se destruya a sí mismo, o se muera. Sin sal, la carne en los tiempos de Jesús se hubiera podrido y se hubiera dañado. De igual forma, sin la iglesia, sin los cristianos, sin el pueblo de Dios, este mundo se pudriría y se descompondría por sí solo.

Note que dondequiera que estén los cristianos genuinos, ellos influyen para bien. Ellos son la sal en sus hogares. Hacen la paz entre los miembros de la familia que están en enemistad entre sí. Son sal en sus comunidades. Comparten el mensaje de salvación y el amor de Cristo con personas que están perdidas en la oscuridad y se encuentran sin ninguna esperanza. Son sal en sus naciones. Se oponen, protestan y votan contra la injusticia. Ellos son la sal del mundo. Predican, oran e interceden por los perdidos.

Piense, ¿dónde estaríamos si no fuera por el cristiano y portavoz, William Wilberforce, quien se enfrentó a la nación y al imperio más poderosa en ese momento y luchó contra la esclavitud? ¿O dónde estaría esta nación si no fuera por el cristiano y el pastor, Martin Luther King Jr.? Seguiríamos viviendo en la amargura del odio y el racismo.

Los cristianos son la sal de la tierra. Mientras los cristianos sean verdaderos, genuinos, obedientes, santos, amorosos, diferentes, distintos y valientes, impiden la muerte, la decadencia y la oscuridad de este mundo.

Luz del mundo

Los cristianos no son solo la sal de la tierra, son la luz del mundo. Jesús nos identifica como luz, y al hacerlo, está identificando al mundo como oscuridad. Eso significa que nosotros, como creyentes, somos la luz en medio de la oscuridad. Y como luz, nuestra influencia en este mundo penetra, promueve e ilumina.

Mientras Jesús estaba en esta tierra, dijo que Él era la luz del mundo. Pero sabía que un día se iría, y como la iglesia, como Su cuerpo, debemos llevar Su título y continuar la responsabilidad de ser luz en este mundo lleno de oscuridad.

Ahora, ¿cuál es el propósito de la luz? Al observar cómo funciona la luz natural, sabremos cómo debemos trabajar como luz. El propósito de la luz es *exponer* e *iluminar*. Primero, es responsabilidad de la luz exponer, dispersar y eliminar la oscuridad. En segundo lugar, es responsabilidad de la luz iluminar, revelar lo que no se pudo ver y brindar orientación sobre dónde alguien debe ir.

También es importante saber algo más sobre la luz antes de que podamos comenzar a ver claramente cómo esto se aplica a nosotros. La Biblia usa la luz como un símbolo o metáfora de dos cosas: la Palabra de Dios, "Lámpara es a mis pies tu palabra, Y lumbrera a mi camino" (Salmo 119:105); y las buenas obras "Así alumbre vuestra luz delante de los hombres, para que vean vuestras buenas obras, y glorifiquen a vuestro Padre que está en los cielos" (Mateo 5:16).

Entonces, si reunimos todo lo que sabemos acerca de la luz, de manera natural y bíblica, podemos ver que, como luz, exponemos las tinieblas e iluminamos el camino para que el mundo conozca a Dios y conozca Su voluntad a través de la predicación de la Palabra de Dios y por nuestras buenas obras. En otras palabras, con la Palabra de Dios, nuestro ejemplo, nuestra manera de vivir y nuestras buenas obras, exponemos la oscuridad, el mal y el pecado en este mundo; le mostramos al mundo que el camino en el que se encuentran conduce a la muerte, y su forma de vivir, pensar y hablar está mal. Entonces les mostramos un mejor camino.

La sal debe estar en medio de lo que está decayendo para poder preservarlo. La luz debe estar en medio de la oscuridad para iluminar el camino y exponer lo que está en la oscuridad. Pero cuando los cristianos no entran al mundo y no discipulan a las naciones, nos convertimos en una sal inútil y dañina, o como una lámpara buena para nada porque está siendo cubierta.

Escalando las siete montañas

¿Sabías que servir en una iglesia no es la única manera de servir a Dios e influir las personas para Cristo? Si queremos ser sal y luz de una manera que no solo afecte a las personas que acuden a nuestros servicios, sino a naciones enteras o grupos de personas fuera de nuestras iglesias, debemos tratar de participar en los lugares que alcanzan la mayor cantidad de personas.

Lance Wallnau, en *Invading Babylon: The 7 Mountain Mandate*[31], habla de 7 áreas de la sociedad que dan forma a la cultura y tienen una gran influencia en una

---

[31] Invadiendo a Babilonia: El Mandato de las 7 Montañas – traducción mía

nación. Él llama a estas siete áreas, siete montañas. De estas montañas dice:

> Cada una de las siete montañas representa una esfera individual de influencia que da forma a la manera en que la gente piensa. Estas montañas están coronadas con lugares altos que los reyes modernos ocupan como fortalezas ideológicas. Estas fortalezas son, en realidad, casas construidas de pensamientos. Estas estructuras de pensamiento están fortificadas con un refuerzo espiritual que da forma a la cultura y establece el clima espiritual de cada nación. Sentí que el Señor me decía: "El que puede tomar estas montañas puede recoger la cosecha de las naciones".[32]

Lo que esto significa es que si los creyentes ocupan estas siete montañas, tendrán la mayor influencia sobre la sociedad en general. ¿Es posible que el mundo haya ganado tanto poder e influencia sobre nuestra nación porque los cristianos han abandonado estas montañas y se las han entregado al enemigo?

Es interesante notar que Bill Johnson también dice de estas montañas que los cristianos no deben verlas como seculares. Él dice: "A medida que el pueblo de Dios se mueve en estas esferas de la sociedad para mostrar los beneficios y valores del Reino, su gobierno se expande".[33]

---

[32] Lance Wallnau y Bill Johnson, *Invading Babylon: The 7 Mountain Mandate* (Shippensburg, PA: Destiny Image Publishers, 2013), 54.
[33] Ibid, 23.

Otra vez dice:

> No existe el empleo secular para el creyente.
> Una vez que nacemos de nuevo, todo sobre
> nosotros se redime para los propósitos del
> Reino. Todo es espiritual. Es una expresión
> legítima del Reino o no deberíamos estar
> involucrados en absoluto.

> Cada creyente está en el ministerio por
> tiempo completo, solo unos pocos tienen
> púlpitos en los santuarios. El resto tiene su
> púlpito en sus áreas de especialización y
> favorece el sistema mundial.[34]

Los cristianos deben ver todo lo que hacen como una
oportunidad para difundir el evangelio y traer gloria a Dios.

Ahora, ¿cuáles son estas siete montañas, estas 7
áreas de influencia que pueden ayudar enormemente a
moldear y transformar la cultura o una nación? Las siete
montañas son:

1. La iglesia
2. El hogar (la familia)
3. La educación
4. El gobierno y la política.
5. Los medios de comunicación (televisión, radio,
   prensa, internet).
6. El arte, entretenimiento, deportes.
7. Los negocios (comercio, ciencia y tecnología)

Mientras lee esta lista, me gustaría que se hiciera

---

[34] Ibid, 23-24

algunas preguntas. ¿Están tan rotos los hogares porque la iglesia no está tan involucrada cómo debería? ¿Es nuestro sistema educativo tan defectuoso porque la iglesia no está tan involucrada cómo debería? ¿Es nuestro gobierno y la política tan corrupta porque la iglesia no está tan involucrada cómo debería? ¿Son los medios de comunicación, nuestros programas de televisión e Internet tan degradantes porque la iglesia no está tan involucrada cómo debería? ¿Son nuestros deportes, entretenimiento, música y arte tan envenenados porque la iglesia no está tan involucrada cómo debería? ¿Las empresas, la ciencia y la tecnología se están volviendo tan dañinas para la sociedad porque la iglesia no está tan involucrada cómo debería?

¿Qué diferencia haría si los cristianos que creen en la Biblia y son llenos del Espíritu Santo fueran los más influyentes en estas áreas? ¿Qué diferencia haríamos para el evangelio si, en lugar de abandonar nuestro lugar en estas áreas, realmente nos convertimos en los líderes? ¿Cómo podríamos transformar las mentes de las generaciones más jóvenes si fuéramos sal y luz en todas estas áreas?

No estoy abogando que debemos tomar estas montañas por la fuerza ni que convirtamos al mundo por la espada, ni que intentemos crear una teocracia aquí en la tierra. No. Jesucristo vendrá pronto y establecerá Su reino en la tierra y gobernará de manera justa y perfecta. Lo que estoy tratando de alentarnos a hacer es estar al frente de la batalla en estas áreas para que podamos tener el mayor impacto y cambiar los destinos no solo de los individuos, sino también de las naciones para las generaciones venideras.

Te animo a ganar más dinero para que puedas financiar el reino. Lo aliento a aspirar a ocupar cargos más altos en todas estas áreas para que pueda tener más influencia y ayudar a más personas. Los aliento a que no abandonen los lugares donde las cosas parecen más oscuras para esconderse en la iglesia entre otros creyentes. No seas vencido por el mundo, sino venza por su fe. Al hacer esto, contribuirás a cumplir la Gran Comisión y hacer discípulos de todas las naciones.

Capítulo 19
DISCÍPULE SU FAMILIA

La familia es la unidad fundamental de cualquier sociedad. Si la familia está sana, la sociedad estará sana. Si la familia no es saludable, también no lo será la sociedad. La familia ideal que sirve como una base sólida para una sociedad saludable es una familia bajo el Señorío de Jesús; Una familia donde todos conocen sus papeles y los cumplen.

La familia según las escrituras

En nuestros días hay tanta confusión. Ya no hay hombres y mujeres, sino muchos géneros diferentes. No existe una verdadera definición sólida de lo que es una familia. Recientemente, la Corte Suprema incluso ha redefinido el matrimonio. Pero la Biblia es muy clara sobre lo que es una familia.

La unidad más básica de cualquier familia es la unión, en el matrimonio de por vida, entre un hombre y una mujer. Mateo 19:4-6 dice:

> ⁴ Él, respondiendo, les dijo: ¿No habéis leído que el que los hizo al principio, varón y hembra los hizo, ⁵ y dijo: Por esto el hombre dejará padre y madre, y se unirá a su mujer, y los dos serán una sola carne? ⁶ Así que no son ya más dos, sino una sola carne; por tanto, lo que Dios juntó, no lo separe el hombre.

La familia comienza con un hombre, un varón, un marido unido a una mujer, una hembra y una esposa. Aunque esto parece obvio para algunos, obviamente esta no es la visión de la sociedad hoy en día.

Si el esposo y la esposa eligen procrear, entonces el fruto de su amor produce hijos. Esto a su vez cambia el papel del hombre a esposo/padre y la mujer a esposa/madre. Ninguna de las partes sacrifica un papel por el otro. Ambos asumen responsabilidades y privilegios adicionales con el cambio en la paternidad. En otras palabras, el hombre todavía tiene la responsabilidad de amar a su esposa y al mismo tiempo cuidar a sus hijos, y viceversa con la mujer.

El papel de cada miembro

Ahora, si observamos el papel de cada miembro de la familia, podemos ver que el hombre tiene la responsabilidad de ser la cabeza del hogar. Él es el "sacerdote", el líder, el proveedor, el instructor, el lanzador de la visión. La esposa es la "ayuda idónea" (Génesis 2:18), la cuidadora del hogar y una mujer virtuosa que puede hacer negocios fuera de la casa por el bien de su familia. Los niños deben ser entrenados en la forma en que deben ir. Son responsables ante sus padres mientras aún están bajo su autoridad. Pablo instruye a cada miembro de la familia de la siguiente manera,

> [18] Casadas, estad sujetas a vuestros maridos, como conviene en el Señor. [19] Maridos, amad a vuestras mujeres, y no seáis ásperos con ellas. [20] Hijos, obedeced a vuestros padres en todo, porque esto agrada al Señor. (Colosenses 3:18-20)

Los padres deben enseñar a sus hijos

En un pasaje paralelo a Colosenses 3, Pablo da instrucciones similares a la familia. Cuando se trata de niños, agrega: "Y vosotros, padres, no provoquéis a ira a vuestros hijos, sino criadlos en disciplina y amonestación del Señor" (Efesios 6:4). Observe que hay dos responsabilidades principales que se asignan al Padre en una casa en este versículo. Deben criar a sus hijos en la "*disciplina* y *amonestación* del Señor". La disciplina y amonestación del Señor es una referencia tanto a la enseñanza como a la forma de vivir. Esto incluye corrección, reprensión e instrucción.

En otras palabras, los padres deben ayudar a entrenar a sus hijos a mantener un estilo de vida que esté arraigado en Cristo y les enseñe las doctrinas y los mandamientos del Señor. Esa responsabilidad no cae principalmente sobre el pastor, el maestro de escuela dominical ni ningún líder dentro de la iglesia. El principal responsable de la formación y la enseñanza del niño es el padre. Por supuesto, la madre debería estar tan involucrada en este proceso. El punto que estoy tratando de hacer es que el verdadero discipulado comienza en casa a través de los padres, no en la iglesia a través de ningún líder.

Vemos esta misma instrucción en el Antiguo Testamento. "⁶Y estas palabras que yo te mando hoy, estarán sobre tu corazón; ⁷y las repetirás a tus hijos, y hablarás de ellas estando en tu casa, y andando por el camino, y al acostarte, y cuando te levantes" (Deuteronomio 6:6-7). En referencia a la ley, los mandatos de Dios y sus actos entre el pueblo, se instruye a los israelitas "antes bien, las enseñarás a tus hijos, y a los hijos de tus hijos" (4:9).

El verdadero discipulado tiene lugar en el hogar. Los padres deben modelar su fe ante sus hijos y también deben enseñarles la Palabra de Dios. Esto se puede hacer de muchas maneras diferentes. Puede reunir a la familia en una capacidad oficial una vez por semana o más. Puedes discutir temas morales y bíblicos importantes cuando la familia se reúne para comer. Puedes tomar un momento cada mañana o noche para leer la Palabra y orar. Estas son solo algunas ideas de cómo empezar. El punto es no dejar la formación de la mente y el corazón de su hijo a otros. Los padres deben participar personalmente en la formación de un niño en el camino en que debe andar, y cuando sea mayor no se apartará de él (Proverbios 22:6).

Estoy convencido de que los padres rendirán cuentas a Dios por la forma en que criaron a sus hijos. Los niños son una bendición y una herencia del Señor. Los padres deben guiar y entrenar a sus hijos para que sigan los pasos de Jesús, primero a través de su propio ejemplo, y segundo a través de la instrucción y la disciplina. Un padre que no haga esto tendrá la sangre de sus hijos en sus manos si toma un camino contrario a la Palabra de Dios. Padre y madre, usted es el atalaya de Dios en la vida de su hijo (Ezequiel 33:1-9). A pesar de que cada persona tiene libre albedrío y no puede garantizar el camino que tomarán, sí tiene la capacidad, mientras el niño está bajo su autoridad, de ser una influencia para el bien y un obstáculo para el mal.

Discípula su familia. ¿Para qué le beneficiará ganar otros hijos y perder el suyo? Sin embargo, el legado de una herencia piadosa perdurará por generaciones.

Capítulo 20
CONFRONTANDO EL PECADO Y RESOLVIENDO CONFLICTO

Hay una habilidad que cada creyente debe desarrollar si él o ella va a crecer en Cristo y va a ayudar a otros a crecer en su caminar con el Señor. Esa es la habilidad de confrontar el pecado y resolver conflictos. Cuando se trata con otras personas imperfectas y quebrantadas, es inevitable que haya desacuerdos, conflictos y problemas. Sin embargo, muchas personas no saben qué hacer cuando se encuentran en estas situaciones.

Me he dado cuenta de que las personas suelen hacer una de dos cosas cuando se encuentran en un problema con otra persona. O ignoran la situación o atacan a la persona directa o indirectamente. Al ignorar, me refiero a que no tratan con la situación, se esconden o dicen que todo está bien y crean algún tipo de paz falsa. Lo hacen al costo de enterrar sus emociones negativas que resultan en un corazón envenenado y amargo.

Cuando hablo de atacar a la persona, se puede hacer directamente argumentando, maldiciendo, peleando, humillando u ofendiendo a la persona. O indirectamente cuando la parte ofendida chismea, calumnia, sabotea o difunde mentiras sobre la otra persona detrás de su espalda.

Ambos de estos caminos no son saludables ni bíblicos. Creo que hay dos pasajes en particular, que enseñan una manera saludable de confrontar a alguien que ha pecado en su vida personal, o que ha pecado contra usted personalmente. Nos necesitamos mutuamente y nunca está bien ignorar, aceptar, disculpar o condonar el pecado. Pero hay una manera saludable de lidiar con estas circunstancias. Esto no significa que siempre será fácil ni que siempre dará como resultado un final feliz.

Relación sobre la religión

Por alguna razón, la gente cree que Dios se preocupa más por nuestros rituales religiosos, ofrendas y adoración que por cómo nos tratamos los unos a otros. Esto no podría estar más alejado de la verdad. De alguna manera, como cristianos, pensamos que estamos bien con Dios si lo servimos, lo adoramos y hacemos muchas actividades religiosas mientras nuestro matrimonio se desmorona, o si nuestros hogares están en desorden, o si hay división y conflicto con nuestros hermanos y hermanas.

En el capítulo 5 de Mateo, Jesús viene en contra de esta línea de pensamiento. En Su gran Sermón del Monte, comienza a desacreditar el pensamiento tradicional y religioso que contradice el corazón de Dios y Su Palabra. Él comienza diciendo:

> [21] Oísteis que fue dicho a los antiguos: No matarás; y cualquiera que matare será culpable de juicio. [22] Pero yo os digo que cualquiera que se enoje contra su hermano, será culpable de juicio; y cualquiera que diga: Necio, a su hermano, será culpable ante el concilio; y cualquiera que le diga: Fatuo, quedará expuesto al infierno de fuego. (5:21-22)

En esta parte podemos ver que se le dijo y se le ordenó al pueblo que no mataran y que la matanza sería castigado. El mandato de no matar se encuentra en los Diez Mandamientos (Éxodo 20:13; Deuteronomio 5:17). Y los que rompieron este mandato podrían ser juzgados y recibir la pena capital si se los encuentra culpables (Génesis 9:6; Levítico 24:17; Éxodo 21:12; Números 35:30-31).

Sin embargo, Jesús quería demostrar que la intención de este mandato no solo se limitaba a la acción física, sino que incluso incluía la motivación interna. El deseo de Dios no era solo limitar las muertes físicas, sino incluso la ira u odio injustificados que llevarían al asesinato. El enojo en este contexto es un enojo pecaminoso, un enojo innecesario, un enojo que proviene de la carne, un enojo que desea castigo, juicio y humillación para el ofensor en lugar de enfocarse en el delito. Por esa razón, Jesús extiende la amenaza de castigo incluso a los hermanos que están enojados unos con otros.[35]

Después de decir esto, Él lanza una bomba a los que pensamos que todavía podemos agradar a Dios con nuestras oraciones, sacrificios y ofrendas, mientras que al mismo

---

[35] Aunque esto es cierto, es importante tener en cuenta que no toda ira es pecaminosa o digna de castigo. La Biblia dice: "Airaos, pero no pequéis" (Efesios 4:26). Hay algunas acciones por el cual está bien enojarse (es decir, que un ser querido sea asesinado, violado u oprimido). Además, el odio y el asesinato no son las mismas cosas, ni son igualmente incorrectos. Sin embargo, ambos son pecaminosos. Y uno (la ira) es la raíz espiritual del otro (el asesinato). Y por esa razón, Jesús viene contra un espíritu vengativo, un resentimiento albergado, una amargura persistente y un odio asesino. Como cristianos, estamos llamados a amar a nuestros enemigos, perdonar a los que pecan contra nosotros, bendecir a los que nos maldicen y orar por los que nos persiguen.

tiempo nuestro corazón no está bien con nuestros hermanos. Jesús continúa y dice: "²³ Por tanto, si traes tu ofrenda al altar, y allí te acuerdas de que tu hermano tiene algo contra ti, ²⁴ deja allí tu ofrenda delante del altar, y anda, reconcíliate primero con tu hermano, y entonces ven y presenta tu ofrenda" (5:23-24). En otras palabras, si su hermano tiene algo contra usted, no le ofrezcas nada a Dios como si todo estuviera bien. Ve, arregla la situación y luego vuelve a hacer lo que estabas haciendo por Dios.

Antes de continuar con esta parte, permítame aclarar algo de este pasaje. Cuando este pasaje dice, si "te acuerdas de que tu hermano tiene algo contra ti" de que debe ir y reconciliarse, no se refiere a alguien que esté enojado u ofendido con usted por cualquier motivo. Hay algunas personas sentimentales y fácilmente ofendidas y si tuvieras que detener lo que estabas haciendo para solucionar la situación cada vez que estuvieran enojado con usted, nunca harías nada. ¿Cuán a menudo estaban los fariseos y saduceos religiosos enojados con Cristo porque El confrontaba su hipocresía y pecado? Y a veces no con términos muy agradables (ver Mateo 23).

Si tiene que enfrentar el pecado, la injusticia, las actitudes equivocadas o la inmadurez, a la gente no siempre le va a gustar. De seguro alguien se va a ofender. Entonces, si confrontó a una persona o grupo de personas en particular con amor, respeto, sabiduría y de acuerdo con la Palabra, entonces esa persona o grupo necesita responder adecuadamente. Este pasaje no justifica el pecado o la inmadurez en estos casos.

En su lugar, este pasaje se refiere a alguien a quien

realmente has lastimado, que has pecado o lo ha ofendido injustamente. A veces, esto puede suceder de manera consciente o inconsciente, pero de cualquier manera tienen una queja legítima contra usted. Si este es el caso, no puede dejar la situación solo, o ignorar o pasar por alto lo que ha sucedido. Primero debe "ir" y reconciliarse con su hermano y luego puedes regresar y ofrecerle a Dios su adoración. No puedes estar bien con Dios si no estás bien con su hermano. Dios se preocupa más de que tengamos relaciones correctas y no una religión superficial, porque demostramos nuestro amor por Él por la forma en que tratamos a nuestro prójimo que está hecho a Su imagen (1 Juan 4:20-21).

Jesús termina esta porción con estas palabras,

> [25] Ponte de acuerdo con tu adversario pronto, entre tanto que estás con él en el camino, no sea que el adversario te entregue al juez, y el juez al alguacil, y seas echado en la cárcel. [26] De cierto te digo que no saldrás de allí, hasta que pagues el último cuadrante. (vv25-26)

Con estas palabras, Él está diciendo que debemos arreglar las cosas rápidamente con la parte ofendida. Resolver la situación puede incluir incluso hacer una restitución por la ofensa. Cueste lo que cueste, Jesús nos exhorta a hacerlo rápidamente antes de que esa persona comparezca ante Dios y Dios emita un juicio que nos haga ser disciplinados, o seamos castigados de una manera más severa.

En cuanto dependa de usted

Continuando en el capítulo 5 de Mateo, Jesús nos

dice que vayamos y resolvamos las cosas con la persona a la que hemos ofendido. Pero, ¿qué debemos hacer cuando somos la parte ofendida? ¿O qué debemos hacer si no han pecado contra nosotros directamente, pero somos testigos de que nuestro hermano o hermana está cometiendo algo pecaminoso? Esto es lo que Jesús tiene que decir.

> [15] Por tanto, si tu hermano peca contra ti, ve y repréndele estando tú y él solos; si te oyere, has ganado a tu hermano. [16] Mas si no te oyere, toma aún contigo a uno o dos, para que en boca de dos o tres testigos conste toda palabra. [17] Si no los oyere a ellos, dilo a la iglesia; y si no oyere a la iglesia, tenle por gentil y publicano. [18] De cierto os digo que todo lo que atéis en la tierra, será atado en el cielo; y todo lo que desatéis en la tierra, será desatado en el cielo. (Matthew 18:15-18)

En este pasaje somos los testigos o los transgredidos de los pecados de otra persona. Nuestro hermano es el transgresor y nosotros somos la parte ofendida. Sin embargo, el primer principio que aprendemos de Jesús es que nuestra responsabilidad es ir a la persona que ha pecado, no la de ellos para que venga a nosotros. Debemos iniciar el proceso de reconciliación. No debemos esperar y permitir que el pecado o la ofensa crezcan. Por lo general, esto solo termina en una creciente hostilidad, amargura o dureza de corazón.

El segundo principio es que debemos confrontar a este individuo en privado. Si estamos tratando de reconciliar y conquistar a la persona, o llevarla al arrepentimiento, es muy difícil hacerlo a veces cuando se hace frente a otros. La persona puede sentirse humillada, o con la necesidad de defenderse frente a una multitud. Pero cuando puedes hablar con alguien en privado, eso ayuda a derribar sus muros, ayuda a demostrar que su intención no es humillarlos, atacarlos o condenarlos antes los demas.

Hablar en privado tiene sus ventajas. Si la persona es un cobarde, mentiroso o un chismoso al que le gusta decir o hacer cosas detrás de la espalda de la gente, un encuentro cara a cara a veces lo detendrá. Sabrán que no pueden escaparse con el pecado en secreto o contaminar a otros. En estas circunstancias, la persona podría estar más dispuesta a limpiarse o dejar de hacer lo que sea que esté haciendo. Sin embargo, todo este proceso debe hacerse con mucha oración y amor.

Esto nos lleva al tercer principio. El propósito de confrontar a un individuo que peca contra nosotros es ganarlo. Esto podría ser interpretado de varias maneras. En algunas situaciones, podría significar restaurar una relación o confianza rota. En otros casos, puede significar ayudarlos a darse cuenta de que algo que están haciendo está mal para que puedan arrepentirse y apartarse de sus pecados. De cualquier manera que lo interprete, está tratando de corregir o restaurar algo que ha sido violado. No nos enfrentamos a los demás solo para sentirnos mejor o para intimidar a la persona. Estamos tratando de ganarlos a nuestro lado, o al lado de Dios.

Ahora, ¿qué sucede si la persona no está dispuesta a escucharle o incluso a hablar con usted? ¿Qué pasa si no puedes ganarlos en privado? El cuarto principio de este pasaje nos dice que debemos incluir a otros en nuestro esfuerzo de ganar a la persona. Pablo dice en Romanos 12:18: "Si es posible, en cuanto dependa de vosotros, estad en paz con todos los hombres". En otras palabras, no debes dejar las cosas como están si su hermano no le escucha. Debe hacer todo lo que esté en su poder para que ambos estén en paz o para que usted se lo gane. Una vez que haya hecho su parte, con el corazón correcto y de la manera correcta, estará libre de cualquier otra obligación. No podemos forzar, oprimir o violar el libre albedrío de otra persona. Incluso si están eligiendo un camino negativo.

Este paso comienza con, primero, llevar uno o dos testigos, de modo que todo hecho pueda confirmarse. Cuando una conversación tiene lugar en privado, puede ser su palabra contra la de ellos, pero una vez que hay más de una persona involucrada, lo que es dicho y hecho se puede confirmar y verificar más fácilmente. Tener más personas también significa tener más perspectivas y sabiduría adicional. Dos o tres voces que dicen lo mismo pueden ser más impactantes que una. Incluso podrían ser capaces de corregir o recomendar consejos sabios para ambas partes involucradas.

Permítame darle este consejo sobre las personas que traiga a la conversación. Primero, estos deben ser creyentes confidenciales. Usted no quiere que ningún asunto privado se propague maliciosamente. Segundo, estos testigos deben ser creyentes maduros. Con esto quiero decir que son personas que conocen la Palabra y pueden aconsejar según la Biblia y no sus propias opiniones. Estas son personas que realmente orarán por lo que está sucediendo. Y también que estas son personas que tienen un carácter probado y un testimonio respetable. Por último, aconsejaría obtener testigos que sean imparciales y neutrales y personas con las que la otra persona se sienta cómoda. En otras palabras, no obtenga testigos que su hermano piense que solo hablan a su favor porque están cerca de usted o de su lado. Recuerda que el propósito es conquistar a su hermano. Las voces neutrales pueden ser más influyentes.

Ahora, si su hermano todavía no escucha, debes llevar el asunto a la iglesia. Por "la iglesia", Jesús posiblemente podría significar toda la congregación local de creyentes o incluso los ancianos de la iglesia que dirigen y representan a la congregación. Si no está seguro de qué ruta tomar en una situación particular, ore y busque el consejo de su pastor o líder.

Ahora, ¿qué sucede si la persona está definitivamente equivocada y, sin embargo, no se arrepentirán ni escucharán a nadie? Jesús dice, debes tenerlos como un gentil o publicano. En otras palabras, la iglesia debe considerar a esta persona como un no-creyente. No pueden ser verdaderamente seguidores de Cristo, si han rechazado el amor, las oraciones y la Palabra de Dios de todos.[36] Necesitan ser evangelizados. Esto también significa que deben ser excluidos de la membresía y la comunión de la Iglesia.

Permítanme elaborar sobre una realidad muy difícil

---

[36] Esto es, por supuesto, asumiendo que el problema que enfrentan es claramente contra la Palabra de Dios. Una cosa es debatir temas que no están claros en las Escrituras y otra violar algo que se enseña claramente en la Biblia.

en este punto. Es bíblico excomulgar o remover de la membresía a alguien que se ha resistido claramente y se ha opuesto a la corrección bíblica de toda la iglesia. El alcance de las consecuencias por cualquier pecado en particular del que una persona no está dispuesta a desviarse depende de la guía del Espíritu Santo y la Palabra de Dios.

En el capítulo 5 de 1 Corintios, Pablo en realidad le dice a la iglesia que remuevan a una persona en particular de entre ellos (5:2). Pablo dice que ya lo había juzgado (5:3) y que "el tal sea entregado a Satanás para destrucción de la carne, a fin de que el espíritu sea salvo en el día del Señor Jesús" (5:5). Él razona: "¿No sabéis que un poco de levadura leuda toda la masa?" (5:6). En otras palabras, el pecado no corregido e incontrolado contaminará y afectará a toda la iglesia. Esto, por supuesto, no se refiere a los visitantes o invitados en nuestras iglesias. Pablo dice:

> [9] Os he escrito por carta, que no os juntéis con los fornicarios; [10] no absolutamente con los fornicarios de este mundo, o con los avaros, o con los ladrones, o con los idólatras; pues en tal caso os sería necesario salir del mundo. [11] Más bien os escribí que no os juntéis con ninguno que, llamándose hermano, fuere fornicario, o avaro, o idólatra, o maldiciente, o borracho, o ladrón; con el tal ni aun comáis. [12] Porque ¿qué razón tendría yo para juzgar a los que están fuera? ¿No juzgáis vosotros a los que están dentro? [13] Porque a los que están fuera, Dios juzgará. Quitad, pues, a ese perverso de entre vosotros. (5:9-13)

Entonces, la decisión de remover a alguien de la membresía o la comunión de la iglesia es completamente bíblica y necesaria en ciertos casos.[37]

Por eso Jesús dijo: "De cierto os digo que todo lo que atéis en la tierra, será atado en el cielo; y todo lo que desatéis en la tierra, será desatado en el cielo" (18:18). En este contexto, "atar" y "desatar" se refiere a las decisiones o conclusiones a las que llega la iglesia en relación con la situación particular. Todo lo que decidan sobre la tierra será respaldado por el cielo si está basado en la Palabra de Dios y es guiado por el Espíritu.

Difícil pero necesario

Enfrentar el pecado y resolver conflictos no siempre es fácil. Especialmente en los casos en que el asunto debe ser confrontado por la iglesia y termina en que alguien sea removido de la membresía. Pero si el proceso se realiza con amor, con mucha oración y guiado por el Espíritu Santo, el cielo lo respaldará aun si las personas no lo entiendan o lo persigan. En algunos casos, si una persona es expulsada, y está verdaderamente interesada en servir a Cristo y estar unido a su pueblo, se arrepentirán y regresarán, y la iglesia debería restaurar a esa persona en esos casos.

Si la persona nunca se arrepiente, solo han probado que la decisión fue correcta. Juan dice: "Salieron de nosotros, pero no eran de nosotros; porque si hubiesen sido de nosotros, habrían permanecido con nosotros; pero

---

[37] Véase los siguiente pasajes que apoyan este punto: Mt. 5:21-26; Mt. 18:15-20; 1 Cor. 5; 2 Cor. 2:5-11; 7:8-12; 2 Tes. 3:6, 14; Rom. 16:17-18; Tit. 3:10-11; 1 Jn. 2:19; 2 Tim. 3:5-7.

salieron para que se manifestase que no todos son de nosotros" (1 Juan 2:19). Al cumplir con lo que enseña la Biblia, también ha liberado a la iglesia de la contaminación. Por supuesto, deben ser nuestras oraciones que la persona escuche a Dios y se arrepienta. Y esto nunca se debe hacer con un espíritu vengativo.

Amado lector, he visto tanto en los pocos años que he estado sirviendo a Cristo. He visto las consecuencias de que la iglesia no siga la Biblia en esta área. He visto la devastación, las muchas vidas que se pierden (espiritualmente y físicamente), y la división que causa en las familias y en la iglesia con mis propios ojos. Yo, y muchos otros, nos hemos visto personalmente afectados por muchas de estas situaciones y por el hecho de no obedecer la Palabra de Dios. Los problemas que se barren debajo de la alfombra no desaparecen, simplemente se acumulan fuera de la vista. Eventualmente, el cáncer que podría haber sido tratado rápidamente se disemina por todo el cuerpo. Y en lugar de quitar un pedazo, se amputan partes de todo el cuerpo o incluso toda la persona muere.

Mi corazón está triste y dolorido por la realidad de cuánta gente se ha visto afectada negativamente porque estos pasajes se han descuidado. Pero por otro lado, me regocijo cuando pienso en las situaciones en las que la gente se ha arrepentido, ha sido restaurado y las iglesias se han sanado debido a su aplicación. Si vamos a crecer en santidad; Si queremos ayudar a otros a crecer en su caminar con Cristo, entonces debemos estar dispuestos a enfrentar el pecado y resolver el conflicto.

Capítulo 21
¿DÓNDE ESTÁN TODOS LOS BERNABÉ'S?

Antes de concluir este libro, me gustaría hablar sobre alguien que creo que a veces se pasa por alto como uno de los mejores ejemplos de un hacedor de discípulos. Creo que su ejemplo será un estímulo para que salgamos y hagamos lo mismo. Irónicamente, la persona de la que estoy hablando en realidad se llama "Hijo de consolación". Lo conocemos como Bernabé. Creo que a medida que echemos un vistazo a su vida, aprenderemos algunos principios sobre cómo ser eficaces en hacer discípulos.

La vida de Bernabé

Primero aprendemos sobre Bernabé en el libro de Hechos capítulo 4. Su nombre verdadero es José, era un descendiente de la tribu de Leví y nació fuera de Israel en Chipre. Sin embargo, encontramos a Bernabé entre los apóstoles en el capítulo 4 de Hechos vendiendo sus propiedades y pone el dinero a los pies de los apóstoles (4:37). Este fue un acto desinteresado, un acto de gran generosidad. Este es el contexto en el que los apóstoles apodaron a José, Bernabé, "el Hijo de consolación" (4:36). Este era un nombre que, como se verá, no solo reflejaba su carácter y personalidad, sino que también anunciaba el tipo de ministerio que continuaría ejerciendo.

La próxima vez que Bernabé aparece en el libro de Hechos, él toma de la mano, un ex asesino y perseguidor de la iglesia, Saulo de Tarso. Mientras que todos los demás temían incluso hablar con Saulo o creer su historia de conversión, Bernabé estaba dispuesto a arriesgarse, lo abrazó y lo llevó a los apóstoles (9:27). Explicó y testificó acerca de la validez de la conversión de Saulo.

Después de esto, Bernabé aparece nuevamente en el capítulo 11 de Hechos. Había discípulos que habían estado evangelizando y ganando almas en una ciudad llamada Antioquía. La iglesia allí estaba creciendo y los apóstoles en Jerusalén querían enviar a alguien allí, muy probablemente para confirmar que se estaba llevando a cabo una verdadera obra de Dios y ministrar al pueblo. Ahora, ¿a quién eligieron para esta importante tarea? El señor Bernabé.

Lucas registra que Bernabé "23... cuando llegó, y vio la gracia de Dios, se regocijó, y exhortó a todos a que con propósito de corazón permaneciesen fieles al Señor. 24 Porque era varón bueno, y lleno del Espíritu Santo y de fe. Y una gran multitud fue agregada al Señor. (11:23-24). Note, él no llega como un jefe y comienza a criticar y mandar a la iglesia. No, él llega y empieza a animarlos. Luego se da otra descripción de su carácter, y se nos dice que "era varón bueno, y lleno del Espíritu Santo y de fe". En otras palabras, tenía motivos puros, un corazón puro, era útil, lleno de poder, espiritual; Él era positivo y completamente confiado en lo que el Señor podía hacer.

Pero para rematar, demostró gran humildad y sabiduría en su próxima decisión. Decidió buscar al hombre que había sido rechazado y enviado lejos por la iglesia en Jerusalén para ayudarlo a edificar la iglesia en Antioquía. Hechos 11:25-26 dice: "25 Después fue Bernabé a Tarso para buscar a Saulo; y hallándole, le trajo a Antioquía. ²⁶ Y se congregaron allí todo un año con la iglesia, y enseñaron a mucha gente; y a los discípulos se les llamó cristianos por primera vez en Antioquía".

Bernabé no fue intimidado ni amenazado por Saulo. Tampoco buscaba gobernar y dominar la iglesia en Antioquía. En cambio, reconoció el talento, la gracia, el potencial y la capacidad de Saulo y decidió usarlo. A través de la asociación entre Bernabé y Saulo, se creó una sinergia que ayudó a expandir el reino. ¡Se volvieron tan efectivos como iglesia que la ciudad comenzó a llamar a la iglesia "cristianos" allí por primera vez!

A partir de este punto, Bernabé y Saulo se convirtieron en un dúo poderoso y fueron utilizados de diferentes maneras por la iglesia. Incluso fueron llamados a convertirse en plantadores de iglesias, apóstoles de la iglesia en Antioquía (Hechos 13:1-3). Fueron enviados por el Señor y juntos ministraron en diferentes ciudades. Parece que aunque Bernabé era el creyente con más experiencia, le permitió a Saulo hablar más a menudo (14:12), demostrando que fue capaz de reconocer la gracia de Dios en los demás y dispuesto a ocupar el segundo lugar para que otros crezcan.

Sin embargo, lo último en lo que quiero concentrarme, no es lo que ambos hicieron en su primer viaje misionero, sino lo que ocurrió cuando estaban a punto de emprender su segundo viaje misionero.

Después de algunos días, Pablo (el nombre romano de Saulo) dijo a Bernabé:

³⁶ Después de algunos días, Pablo dijo a Bernabé: Volvamos a visitar a los hermanos en todas las ciudades en que hemos anunciado la palabra del Señor, para ver cómo están. ³⁷ Y Bernabé quería que llevasen consigo a Juan, el que tenía por sobrenombre Marcos; ³⁸ pero a Pablo no le parecía bien llevar consigo al que se había apartado de ellos desde Panfilia, y no había ido con ellos a la obra. ³⁹ Y hubo tal desacuerdo entre ellos, que se separaron el uno del otro; Bernabé, tomando a Marcos, navegó a Chipre, ⁴⁰ y Pablo, escogiendo a Silas, salió encomendado por los hermanos a la gracia del Señor. (15:36-40)

Pablo quería hacer un segundo viaje para fortalecer las iglesias que ya habían plantado y establecer algunas nuevas. Cuando decidieron a quién llevarse con ellos, Bernabé mencionó el nombre de Marcos, pero Pablo se mostró reacio. ¿Cómo podrían confiar en alguien que previamente los había abandonado en su primer viaje misionero?

Aunque Pablo dudaba en llevar a Marcos, Bernabé no estaba dispuesto a dejarlo atrás. En cambio, estaba dispuesto a arriesgarse, darle a Marcos una segunda oportunidad e invertir en su llamado. Parece que el riesgo de Bernabé dio sus frutos. En Colosenses 4:10, Pablo más tarde nombra a Marcos como uno de sus compañeros. Y al final de su vida, Pablo dice: "Sólo Lucas está conmigo. Toma a Marcos y tráele contigo, porque me es útil para el ministerio" (2 Timoteo 4:11).

Bernabé como ejemplo

De principio a fin, (a pesar de su error en Gálatas 2), Bernabé demostró un carácter muy maduro e íntegro. Demostró cómo es un buen creador de discípulos. De Bernabé aprendemos que los que hacen discípulos son:

- Animadores
- Ganadores de almas
- Dispuesto a invertir tiempo y dinero en otros.
- Dispuesto a asumir riesgos en casos difíciles.
- Sacar lo mejor de los demás.
- Capaz de ver potencial en otros.
- Dispuestos a dar segundas oportunidades a quienes fallan.
- Dispuesto a disminuir a medida que otros aumentan y toman la iniciativa.
- No celoso de los dones, talentos y unción de otra persona.
- Entregado a Jesús
- Dispuesto a servir y no mandar o manipular.
- Dispuesto a liderar con el ejemplo.

¡Necesitamos más personas como Bernabé!

Nuestras iglesias necesitan personas que estén dispuestas a invertir y alentar a aquellos que son nuevos o débiles en la fe. Parece que muchas veces nos preocupa más agregar números a nuestra lista de miembros que ver crecer a esos miembros en semejanza a Cristo. Mi amigo, Eddie Huezo, dice que debemos deshacernos del ministerio de "buena suerte" en nuestras iglesias. La gente vendrá a Cristo, y en lugar de guiarlos de la mano e invertir en su crecimiento, los dejamos tranquilos y, en sentido figurado, les deseamos "buena suerte" y esperamos que maduren por sí mismos. No es de extrañar que tengamos un porcentaje tan pobre de retención y crecimiento en el cuerpo de Cristo.

¿Cuántos más Pablos y Marcos vería la iglesia si hubiera más personas como Bernabé? ¿Cuántas iglesias más serían plantadas, o almas ganadas, o creyentes con mentores, o ministerios comenzados si hubiera más personas como Bernabé? Necesitamos más cristianos que estén dispuestos a mantenerse fuera de la luz pública para promover y ayudar a edificar los ministerios de otras personas. Necesitamos más cristianos para guiar a una generación sin padres e inexperta. ¡Necesitamos más animadores!

Pero para que esto suceda, hay que invertir tiempo, dinero, oraciones y amor. Hay que hacer sacrificios. El ministerio de Bernabé es necesario ahora. ¿Está dispuesto a registrase?

CONCLUSIÓN

Mi deseo con este libro es que le estimule, primero, a crecer como discípulo. Quiero que seamos más como Cristo. Las dos primeras secciones de este libro tratan de definir el llamado, el costo y el carácter de quienes seguirían a Jesús. Pero la última parte de este libro tiene que ver con mi segundo deseo. Ruego que se motive a conectarse con otras personas para que no solo les ayude a crecer como cristianos, sino que también cree una comunidad en la que puedas cumplir los mandatos del "uno al otro" y, al hacerlo, crezcan en semejanza a Cristo. .

Le exhorto, no seas pasivo en su búsqueda de Dios. Ordene su alma, despierta su espíritu, renueve su mente y "Buscad a Jehová mientras puede ser hallado" (Isaías 55:6). No seas conformado a este siglo (Romanos 12:2), sino ponga su mirada en las cosas de arriba (Colosenses 3:2) y "14 [prosiga] a la meta, al premio del supremo llamamiento de Dios en Cristo Jesús. 15 Así que, todos los que somos perfectos, esto mismo sintamos; y si otra cosa sentís, esto también os lo revelará Dios" (Filipenses 3:14-15).

No permita que las fallas y los contratiempos lo desanime de seguir tras la perfección. Todo el cielo está a su favor. El Padre desea su crecimiento (Jeremías 29:11). Jesús y el Espíritu Santo interceden por usted (Romanos 8:26, 34; Hebreos 7:25). Estás rodeado de una gran nube de testigos y tiene a su disposición todas las herramientas que necesitas para ser como Jesús (Hebreos 12:1; 2 Pedro 1:3).

Creo que puedes tener tanto de Dios como desees. Creo que puede acercarse a Dios tanto como desee. Pero lo que creo no importa. La pregunta es, ¿lo cree usted? Entonces, ¿qué lo detiene? Ve y sé como Cristo, eso es el verdadero discipulado.

Apéndice A:
DISCÍPULOS DEBEN SER DISCIPLINADOS

Me parece necesario agregar una sección adicional a este libro que está definitivamente relacionada con su tema, aunque podría no encajar en el fluir de sus capítulos. Quiero hablar de la disciplina. Esta palabra tiene mucho peso, pero es capaz de liberar a las personas de la normalidad, la complacencia y la improductividad. La disciplina es capaz de diferenciarle de lo común y ayudarle a convertirse en la persona que Dios le ha llamado a ser.

Seré honesto, no soy una persona disciplinada en muchas áreas. Sin embargo, creo que es necesario recordarse de la importancia de tal palabra.

Definiendo la disciplina

El diccionario Merriam-Webster en el internet tiene varias definiciones para la palabra "disciplina". Las definiciones que mejor reflejan la dirección de este capítulo son "control obtenido al imponer obediencia u orden", "dominio propio" y "entrenamiento que corrige, moldea, o perfecciona las facultades mentales o el carácter moral".[38] Creo que las palabras clave en estas definiciones son "control obtenido al imponer," "dominio propio" y "entrenamiento que corrige, moldea o perfecciona".

La disciplina tiene que ver con controlar, imponer y entrenarse a uno mismo con el objetivo de corregir,

---

[38] https://www.merriam-webster.com/dictionary/discipline (accedido 4/20/2019 at 9:21 p.m.). Traducción mía.

perfeccionar y ganar. Está en la naturaleza del hombre evitar el dolor y la incomodidad y, en cambio, buscar la comodidad y el placer. Pero una vida sin disciplina produce malos resultados, limita el potencial y desperdicia tiempo y recursos. Aunque la disciplina requiere esfuerzo y parece ser moderada, en realidad es liberadora y crea una mayor productividad en la vida de un individuo.

Ejemplos de la vida disciplinada

Para la mayoría, Michael Jordan es conocido como el jugador más grande del N.B.A. de todos los tiempos. Rompió numerosos récords, ganó varios campeonatos y logró grandes hazañas en la cancha. Verlo manejar el baloncesto con tanta gracia, elevarse por el aire y moverse con gran agilidad es algo digno de admirar.

¿Pero cómo se convirtió Jordan en una leyenda así? ¿Fue por su intelecto superior? ¿Fue debido a algunas ventajas físicas en su A.D.N.?

Michael Jordan definitivamente podría tener muchas ventajas mentales y físicas sobre algunos, pero creo que se convirtió en quien se convirtió debido a la disciplina. En varias entrevistas y documentales, él mismo le diría que su éxito se debió a la disciplina mental y física; también al impulso, esfuerzo, pasión, enfoque, práctica y mucho entrenamiento. Él podría contarle los miles de tiros o cientos de horas entrenando y practicando. Hemos visto los aspectos más destacados de sus habilidades, pero el trabajo real tuvo lugar fuera de la televisión.

Tan dedicado como Michael Jordan estaba a su oficio, Pablo fue aún más a su llamado. Dijo cosas como:

"¹³ Hermanos, yo mismo no pretendo haberlo ya alcanzado; pero una cosa hago: olvidando ciertamente lo que queda atrás, y extendiéndome a lo que está delante, ¹⁴ prosigo a la meta, al premio del supremo llamamiento de Dios en Cristo Jesús" (Filipenses 3:13-14). "sino que golpeo mi cuerpo, y lo pongo en servidumbre, no sea que habiendo sido heraldo para otros, yo mismo venga a ser eliminado" (1 Corintios 9:27). Pablo le dijo a Timoteo que Dios nos ha dado un espíritu "de poder, de amor y de dominio propio" (2 Timoteo 1:7).

Pablo se disciplinó a sí mismo de todas las maneras posibles para asegurarse de que cumpliera los objetivos que se le habían impuesto. A través de su disciplina y diligencia en asuntos espirituales, ministerio y carácter, ahora conocemos a Pablo como uno de los más grandes cristianos que jamás haya existido.

De la misma manera, nosotros, como discípulos de Cristo, debemos ser disciplinados.

Áreas de cultivar la disciplina.

Hay libros completos dedicados a las disciplinas cristianas o áreas donde los cristianos necesitan ser diligentes, practicar y entrenarse. Pero solo quiero centrarme en dos: administración del tiempo y control de la carne.

Administración del tiempo

Uno de los recursos que observo que como cristianos desperdiciamos, que nunca volveremos a tener, es el tiempo. Cada día, hora, minuto y segundo que pasa nunca se puede volver a ganar. Una vez que pasa, se va para siempre. Lo que hicimos con cada momento será algo que todos daremos cuenta el día del juicio.

Es tan triste ver cuántas horas de cada día dedicamos al entretenimiento secular, a los placeres mundanos o a metas ambiciosas. Sé de personas que se quejarán de que no tienen tiempo para pasar con Dios en oración, leer la Biblia, asistir a los servicios de la iglesia, servir a la comunidad, evangelizar a los perdidos u otras actividades piadosas. Sin embargo, pasarán horas jugando videojuegos o viendo películas o sus programas favoritos de televisión. Pasarán horas en su teléfono jugando juegos repetitivos o desplazándose por las páginas en las redes sociales. Pasarán días, semanas, meses, incluso años buscando carreras, popularidad o dinero que no tiene nada que ver con lo que Dios les pide que hagan.

Pablo dijo: "aprovechando bien el tiempo, porque los días son malos" (Efesios 5:16). En otras palabras, aproveche cada minuto que tenga cada día y úsalo de la manera más productiva porque el tiempo es corto y las cosas solo empeorarán. Moisés oró "Enséñanos de tal modo a contar nuestros días" (Salmo 90:12). El reconoció que se nos da una cantidad limitada de tiempo en la tierra, posiblemente 70 u 80 años (v10). Y aquellos que no reconocen qué tan rápido pasan esos años, desperdiciarán el precioso don de la vida que Dios nos ha dado. Pero aquellos que tomen esto en serio vivirán sabiamente.

¿Cuántos años tienes ahora? ¿Cuántos años crees que le quedan? ¿Sabes que mañana no está prometido? Cuando fallezcas, ¿qué habrás logrado? ¿Qué legado, qué herencia dejarás atrás? ¿Qué marca le dejaras a este mundo o al menos a aquellos que le conocieron? ¿Podrás estar ante el tribunal de Cristo y ofrecerle un sacrificio agradable?

> Richard Baxter (1615-1691), un pastor puritano, aconsejó: "No dedique su tiempo a nada de lo que sepa que deba arrepentirse. No lo gastes en nada en lo que no puedas orar por la bendición de Dios. No lo gastes en nada que no puedas revisar con la conciencia tranquila en su lecho de muerte. No lo gastes en nada en el que no puedas ser encontrado de forma segura y adecuada si la muerte le sorprende en el acto".[39]

Dominio de la carne

Cuando hablo de la carne en esta parte, no me refiero únicamente a la naturaleza pecaminosa, sino también a los apetitos naturales de nuestro cuerpo: comer, dormir y tener sexo. La corrupción de estos deseos dados por Dios puede llevar a la glotonería, la pereza y la inmoralidad. Estos son temas que muchos predicadores casi nunca tocan desde el púlpito. No obstante, son bíblicos e importantes para dominar si vamos a permanecer en este caminar con Cristo.

La glotonería es el pecado de comer en exceso. Comer alimentos grasosos o azucarados es definitivamente destructivo para nuestra salud, pero no es glotonería. Un glotón es una persona que come incluso cuando no tiene

---

[39] Mark. L. Gorveatte, *Lead Like Wesley: Help for Today's Ministry Servants* (Indianapolis, Indiana: Wesleyan Publishing House, 2016), 47. Traducción mía.

hambre y sobre todo después de que ya está lleno. Un glotón es una persona que fantasea con la comida, come con los ojos y pronto le sigue la boca.

Les puedo decir que estoy sobrepeso y muchas veces he luchado con esta área. Comer alimentos es natural y bueno. Pero cuando se hace en exceso cae en pecado. He tenido períodos de tiempo de victoria en esta área, pero la mayoría de las veces, el fracaso. Sin embargo, eso no me hace ignorar la verdad de que debo tener dominio propio en esta área. De la misma manera, quiero desafiarlo a que controle sus hábitos alimenticios. Debemos comer para vivir y no vivir para comer.

La historia de la Iglesia está llena de historias de personas que murieron demasiado jóvenes o sin ver el cumplimiento de su potencial y arduo trabajo porque tenían sobrepeso y no cuidaban su cuerpo adecuadamente.

La pereza es el pecado del descansar de más y la mediocridad. El descanso es importante y necesario. Las personas que duermen poco o trabajan demasiado también han girado el péndulo en la dirección opuesta. Pero el descanso es tan importante para Dios que no solo descansó en el séptimo día de la creación, sino que también ordenó a Su pueblo que separara un día entero para descansar. El descanso ayuda a rejuvenecer y recuperar la fuerza que se ha perdido en el trabajo duro. El descanso ayuda a la mente a afilarse y al cuerpo a relajarse.

Sin embargo, lo que he visto en esta generación es una exageración de esta actividad. Dormirán por horas y horas. Incluso si no trabajan o no van a la escuela, parecen estar siempre descansando, durmiendo y moviéndose con lentitud. Personas como esta no pueden ser molestadas en trabajar duro para ellas mismas, sus familias o sus iglesias. Si se les obliga a trabajar o tienen algún tipo de responsabilidad, lo harán a medias, de manera imperfecta y sin excelencia. Una persona perezosa no caminaría la extra milla porque no llegará a la primera.

Aquí hay algunas cosas que la Biblia tiene que decir sobre la pereza: "Porque también cuando estábamos con vosotros, os ordenábamos esto: Si alguno no quiere trabajar, tampoco coma" (2 Tesalonicenses 3:10). "La mano de los diligentes señoreará; Mas la negligencia será tributaria" (Proverbios 12:24).

> ³⁰ Pasé junto al campo del hombre perezoso,
> Y junto a la viña del hombre falto de
> entendimiento;
>
> ³¹ Y he aquí que por toda ella habían crecido
> los espinos,
> Ortigas habían ya cubierto su faz,
> Y su cerca de piedra estaba ya destruida.
>
> ³² Miré, y lo puse en mi corazón;
> Lo vi, y tomé consejo.
>
> ³³ Un poco de sueño, cabeceando otro poco,
> Poniendo mano sobre mano otro poco para
> dormir;
>
> ³⁴ Así vendrá como caminante tu necesidad,
> Y tu pobreza como hombre armado.
> (Proverbios 24:30-34)

La Biblia, especialmente en el libro de Proverbios, tiene mucho que decir sobre este tema. Pero creo que ya entendemos el punto. Debemos trabajar y debemos descansar. Debemos dormir lo que sea necesario para mantenernos sanos. Tómese un descanso, salga de vacaciones, pase tiempo haciendo actividades de recreación. Pero disciplínase para no ser perezoso. Haga todo con excelencia y no de forma mediocre. El tiempo se está acabando.

Por último, el sexo fue creado por Dios y también lo fue el apetito sexual. Pero debemos tener cuidado de no despertar o alimentar esos deseos antes del tiempo o de una manera que esté fuera de la voluntad de Dios. He escuchado de muchos ministros que nuestros deseos sexuales son como una corriente que Dios creó. Mientras las aguas se mantengan dentro de los límites, es hermoso y refrescante. Pero cuando las aguas inundan y salen de los límites ordenados por Dios, esto causa daño.

La pornografía, la masturbación, la fornicación, el adulterio, etc., son todas corrupciones pecaminosas de una cosa piadosa. Manténgase alejado de las imágenes, conversaciones o entretenimiento que estimulen un deseo impío o promuevan un estilo de vida sexual impía. Mujeres visitasen modestamente. Hombres renuevan sus mentes. "Huye también de las pasiones juveniles, y sigue la justicia, la fe, el amor y la paz, con los que de corazón limpio invocan al Señor" (2 Timoteo 2:22). "Ten cuidado de ti mismo y de la doctrina; persiste en ello, pues haciendo esto, te salvarás a ti mismo y a los que te oyeren" (1 Timoteo 4:16).

La razón por la que he mencionado estos temas de la carne es porque uno de mis pastores siempre solía decirme: "Cuidado con las tres 'F': Fama, Finanzas, y Faldas". La falta de disciplina en estas áreas ha derribado a muchos hombres poderosos.

Pero un hombre o una mujer que ha aprendido a disciplinar y crucificar su carne; un hombre o una mujer que haya aprendido a disciplinar su tiempo se convertirá en cristianos fructíferos, productivos, poderosos y santos. Esto también es ser como Cristo.

BIBLIOGRAFÍA

Erickson, Millard. *Introducing Christian Doctrine*. Grand Rapids, Michigan: Baker Academic, 2001.

Gorveatte, Mark L. *Lead Like Wesley: Help for Today's Ministry Servants*. Indianapolis, Indiana: Wesleyan Publishing House, 2016.

Liardon, Roberts. *God's Generals: Martyrs*. New Kensington, PA: Whitaker House, 2016.

Lucado, Max. *Just Like Jesus*. Nashville, Tennessee: W Publishing Group, 2003.

McKnight, Scot. *One Life: Jesus Calls, We Follow*. Grand Rapids, MI: Zondervan, 2010.

Merriam Webster Dictionary. "Discipline." Merriam-Webster.com. https://www.merriam-webster.com/dictionary/discipline (accedido 4/20/2019).

Ogden, Greg. *Transforming Discipleship*. Downers Grove, Illinois: Intervarsity Press, 2003.

Wallnau, Lance and Bill Johnson. *Invading Babylon: The 7 Mountain Mandate*. Shippensburg, PA: Destiny Image Publishers, 2013.

Wardle, Terry. *Outrageous Love, Transforming Power*. Siloam Springs, Arkansas: Leafwood Publishers, 2004.

OTROS LIBROS DEL AUTOR

Libros disponibles en Amazon tanto en forma impresa como digital.

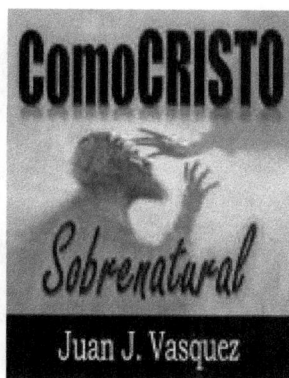

Si buscas evangelizar como lo hizo Jesús, los apóstoles y la iglesia primitiva, *Como Cristo: Sobrenatural* es para ti. Este libro lo inspirará y lo capacitará para predicar el evangelio en el poder del Espíritu Santo. Aprenderás cómo activar y operar en los dones espirituales que se encuentran en el Nuevo Testamento. Todavía son para hoy, y si usted es un creyente, son para usted.